GÉOGRAPHIE

DE

L'EUROPE

ET DE

LA FRANCE

PAR A. DE SAILLET

Maitre de Pension

PARIS

CHEZ A. DESESSERTS, ÉDITEUR,

PASSAGE DES PANORAMAS, GALERIE FEYDEAU, 13.

1841

Imprimerie d'Amédée Gratiot, 11, rue de la Monnaie.

GÉOGRAPHIE

DE

L'EUROPE ET DE LA FRANCE

L'Europe est la plus petite des cinq parties du monde, mais elle est la plus importante de toutes par son industrie, son commerce, ses productions et sa civilisation. Elle comprend 235 millions d'habitants, et se divise en dix-sept états ainsi placés :

Au nord, cinq états, savoir : les Iles Britanniques, le Danemark, la Suède avec la Norwège, la Russie avec la Pologne, la République Cracovienne.

Au milieu, sept états, savoir : la France, la Belgique, la Hollande, la Suisse, la Prusse, l'Autriche, l'Allemagne, ou Confédération Germanique, avec les petits états qui y sont compris, tels que la Bavière, la Hongrie, le Wurtemberg, la Saxe, le Hanovre, etc.;

Au midi, cinq états, savoir : l'Espagne, le Portugal, l'Italie qui se compose de la Sardaigne, du grand duché de Toscane, des états de l'Église etc., la Turquie d'Europe, la Grèce avec la république des Iles Ioniennes.

L'Europe est bornée au nord par l'Océan Glacial arctique ; à l'ouest, par l'océan Atlantique ; au sud, par le détroit de Gibraltar, la Méditerranée, l'Archipel, le détroit des Dardanelles, la mer de Marmara, le canal de Constantinople, la mer Noire, le détroit d'Enikalé et le mont Caucase ; à l'est, par la mer Caspienne, le fleuve Oural, les monts Ourals et la rivière Kara, qui la séparent de l'Asie.

Nous allons d'abord nous occuper de la France ; nous reprendrons ensuite la description des autres états.

FRANCE.

La France est un des pays les plus importants de l'Europe par sa position géographique, l'étendue de son territoire, la fertilité de son sol et l'industrie de ses habitants. Elle compte de 32 à 33 millions d'habitants. Ce pays, d'abord habité par les Gaulois, passa ensuite sous la domination romaine. Jules César, cent vingt ans avant Jésus-Christ, réduisit tout le nord en province romaine ; au commencement du ve siècle, les Francs qui habitaient alors la rive gauche du Rhin, chassèrent les Romains de leurs conquêtes et s'établirent dans le pays, auquel ils donnèrent leur nom ; enfin, sous la conduite de Clovis, leur premier chef chrétien, ils s'emparèrent de tout le pays. Le territoire de la France a subi, à diverses époques, de grandes variations : Charlemagne l'agrandit et le recula jusqu'à la rivière du Raab et de la Vistule, en Allemagne, jusqu'à la Calabre en Italie, jusqu'à l'Èbre en Espagne ; sous Hugues Capet, il ne comprenait plus que trois provinces : la Picardie, l'Ile de-France, l'Orléanais ; en 1793, il avait à peu près les mêmes limites que sous Clovis ; de 1793 à 1804, Avignon, la Savoie, la Belgique, la rive gauche du Rhin, le Piémont et Genève furent réunis à la France ; de 1804 à 1814, Bonaparte, proclamé empereur des Français sous le nom de Napoléon, y réunit encore la Hollande, une partie de l'Italie et de l'Allemagne. Cet immense empire fut alors divisé en 130 départements ; à la chute de l'empereur, la France perdit, à peu de chose près, tout ce qu'elle avait conquis, elle rentra dans ses premières limites, ne conservant, de toutes ses conquêtes, que le comtat d'Avignon, et de petites portions de territoire. Aujourd'hui la France se divise en 86 départements, dont 84 ont été pris dans nos anciennes provinces, et les deux autres sont formés par l'île de Corse et le comtat d'Avignon.

Pour faciliter l'intelligence de cette division du territoire, nous allons la présenter en un seul tableau ; nous ne donnerons que les noms des anciennes provinces avec les départements que chacune d'elles a formés et leurs chefs-lieux.

ANCIENNES PROVINCES.	DÉPARTEMENTS.	CHEFS-LIEUX.
	Départements situés au nord.	
1. FLANDRE.	Nord.	Lille.
2. ARTOIS.	Pas-de-Calais.	Arras.
3. PICARDIE.	Somme.	Amiens.
4. NORMANDIE.	Seine-Inférieure.	Rouen.
	Eure.	Evreux.
	Calvados.	Caen.
	Manche.	Saint-Lô.
	Orne.	Alençon.
5. ILE-DE FRANCE.	Seine.	*Paris.*
	Seine-et-Oise.	Versailles.
	Seine-et-Marne.	Melun.
	Oise.	Beauvais.
	Aisne.	Laon.
6. CHAMPAGNE.	Ardennes.	Mézières.
	Marne.	Châlons-sur-Marne.
	Aube.	Troyes.
	Haute-Marne.	Chaumont.
7. LORRAINE.	Meuse.	Bar-le-Duc.
	Moselle.	Metz.
	Meurthe.	Nancy.
	Vosges.	Epinal.
	Départements situés à l'est.	
8. ALSACE.	Haut-Rhin.	Colmar.
	Bas-Rhin.	Strasbourg.
9. FRANCHE-COMTÉ.	Haute-Saône.	Vesoul.
	Doubs.	Besançon.
	Jura.	Lons-le-Saulnier.
10. BOURGOGNE.	Yonne.	Auxerre.
	Côte-d'Or.	Dijon.
	Saône-et-Loire.	Mâcon.
	Ain.	Bourg.
11. LYONNAIS.	Rhône.	Lyon.
	Loire.	Montbrison.
	Départements situés au milieu.	
12. ORLÉANAIS.	Loiret.	Orléans.
	Eure-et-Loir.	Chartres.
	Loir-et-Cher.	Blois.

ANCIENNES PROVINCES.	DÉPARTEMENTS.	CHEFS-LIEUX.
13. TOURAINE.	Indre-et-Loire.	Tours.
14. BERRY.	Indre.	Châteauroux.
	Cher.	Bourges.
15. NIVERNAIS.	Nièvre.	Nevers.
16. BOURBONNAIS.	Allier.	Moulins.
17. MARCHE.	Creuse.	Guéret.
18. LIMOUSIN.	Haute-Vienne.	Limoges.
	Corrèze.	Tulle.
19. AUVERGNE.	Puy-de-Dôme.	Clermont-Ferrand.
	Cantal.	Aurillac.

Départements situés à l'ouest.

20. BRETAGNE.	Ille-et-Vilaine.	Rennes.
	Côtes-du-Nord.	Saint-Brieuc.
	Finistère.	Quimper.
	Morbihan.	Vannes.
	Loire-Inférieure.	Nantes.
21. MAINE.	Sarthe.	Le Mans.
	Mayenne.	Laval.
22. ANJOU.	Maine-et-Loire.	Angers.
23. POITOU.	Vienne.	Poitiers.
	Deux-Sèvres.	Niort.
	Vendée.	Bourbon-Vendée.
24. AUNIS.	Charente-Inférieure.	La Rochelle.
25. SAINTONGE ET ANGOUMOIS.	Charente.	Angoulême.

Départements situés au midi.

26. GUYENNE ET GASCOGNE.	Dordogne.	Périgueux.
	Gironde.	Bordeaux.
	Lot-et-Garonne.	Agen.
	Lot.	Cahors.
	Tarn-et-Garonne.	Montauban.
	Aveyron.	Rhodez.
	Landes.	Mont-de-Marsan.
	Gers.	Auch.
	Hautes-Pyrénées.	Tarbes.
27. BÉARN.	Basses-Pyrénées.	Pau.
28. COMTÉ DE FOIX.	Arriége.	Foix.
29. ROUSSILLON.	Pyrénées-Orientales.	Perpignan.

ANCIENNES PROVINCES.	DÉPARTEMENTS.	CHEFS LIEUX.
30. LANGUEDOC.	Haute-Loire.	Le Puy.
	Ardèche.	Privas.
	Lozère.	Mende.
	Gard.	Nîmes.
	Hérault.	Montpellier.
	Tarn.	Alby.
	Aude.	Carcassonne.
	Haute-Garonne.	Toulouse.
31. DAUPHINÉ.	Isère.	Grenoble.
	Drôme.	Valence.
	Hautes-Alpes.	Gap.
COMTAT D'AVIGNON.	Vaucluse.	Avignon (reste des conquêtes de la république).
32. PROVENCE.	Basses-Alpes.	Digne.
	Bouches-du-Rhône.	Marseille.
	Var.	Draguignan.
Corse.	Corse.	Ajaccio.

Il est facile de voir par ce tableau que chaque province n'a pas formé un nombre égal de départements; mais que divisées suivant leur étendue, elles ont formé tantôt un seul département, tantôt plusieurs; la Flandre, par exemple, n'en a formé qu'un seul, et le Languedoc en a formé huit.

DÉPARTEMENTS SITUÉS AU NORD.

FLANDRE FRANÇAISE (1 dép.).—Département du *Nord*, il doit son nom à sa position, dans la partie de la France la plus au nord. Il est borné par la mer et par les départements de l'Aisne et du Pas-de-Calais. *Lille* est le chef-lieu de préfecture de ce département; cette ville est à 23 myriamètres et demi de Paris (60 lieues). Elle compte près de 60,000 habitants. L'illustre Vauban a élevé la citadelle qui la défend et qui est une des plus belles de l'Europe.

Sous-préfectures. —*Douai*, place forte où se trouvent un bel arsenal et une fonderie de canons. — *Cambrai*, place forte, illustrée par l'épiscopat de Fenélon; elle possède des fabriques de batiste et de linons. — *Dunkerque*, qui a un bon port. Patrie de Jean Bart, l'un de nos plus grands hommes de mer. — *Avesnes*. — *Hazebrouck*.

Ce département est fertile en blé, houblon, lin, chanvre, légumes et colza. Il nourrit de nombreux troupeaux qui fournissent un beurre excellent. Popul. 830,000 hab.

ARTOIS (1 dép.).—Département du *Pas-de-Calais*, ainsi nommé, parce que devant Calais la mer se rétrécit extrêmement, et ne sépare plus la France de l'Angleterre que par une traversée de 7 lieues. Chef-lieu, *Arras*, sur la Scarpe, ancienne capitale de la province.

Sous-préfectures.—*Boulogne*, joli port de mer.—*Saint-Omer*, place forte. — *Montreuil*, petit port de mer. — *Béthune*, place très forte. — *Saint-Pol*, idem.

Calais est la ville la plus remarquable de ce département, c'est le passage le plus court de France en Angleterre. On ne doit pas oublier le noble dévouement dont firent preuve Eustache de Saint-Pierre et cinq autres Calaisiens, lors du siége formé contre cette ville en 1347, par Édouard III d'Angleterre.

Ce département produit du blé, du chanvre, du lin, du colza et des pâturages. Pop. 560,000 habit.

PICARDIE (1 dép.). — Département de la *Somme*. Il est borné par ceux du Pas-de-Calais, de l'Aisne, de l'Oise, de la Seine-Inférieure, et par la mer. Il doit son nom à la rivière qui l'arrose. Chef-lieu, *Amiens*, à 13 myriam. de Paris (33 lieues). Pop. 40,000 hab. Patrie de Pierre-l'Hermite, de l'historien Du Cange, de Voiture et du poëte Gresset; sa cathédrale, chef-d'œuvre d'architecture gothique, est une des plus belles de France.

Sous-préfectures. — *Abbeville*, ville grande et manufacturière. — *Doullens.* — *Péronne*, où Charles-le-Simple, prisonnier en 929, termina sa vie.

Dans ce département se trouve *Crécy*, ville tristement célèbre, où les Français, sous la conduite de Philippe de Valois, furent vaincus en 1346 par Édouard III d'Angleterre.

Ce département produit du chanvre, du colza, du blé, du lin, des légumes ; il s'y fait un grand commerce d'épiceries ; on y nourrit une grande quantité de volailles et de moutons, dont la laine est fort belle. Pop. 490,000 hab.

NORMANDIE (5 dép.).—1° Le département de la *Seine-Inférieure* est ainsi appelé, parce qu'il embrasse un territoire qui s'étend vers l'embouchure de la Seine. Il est borné par la mer et les départements de la Somme, de l'Oise et de l'Eure. Chef-lieu, *Rouen*, ancienne capitale de la Normandie, à 14 myriamètres de Paris (35 lieues). Pop. 90,000 hab. Cette ville est l'une des plus riches et des plus commerçantes de la France; elle a un port marchand où les vaisseaux peuvent monter avec la marée; elle a vu naître les deux Corneille et Fontenelle, et mourir Jeanne d'Arc, qui y fut publiquement brûlée par les Anglais, sous prétexte de sorcellerie.

Sous-préfectures. — *Le Havre*, port de mer très commerçant. — *Dieppe*, fréquentée pour ses bains de mer. — *Yvetot*, dont les seigneurs portaient autrefois le nom de rois. — *Neufchâtel.*

Ce département produit abondamment du blé, du colza, du lin, des poires et des pommes, avec lesquelles on fait du poiré et du cidre. Les fromages dits de Neufchâtel sont très estimés. Il fait un commerce considérable, et possède de riches manufactures de toiles de fil et de coton. Pop. 630,000 hab.

2° Le département de *l'Eure*, qui tire son nom de la rivière qui, prenant sa source dans la forêt de Longny (Orne), le traverse en partie, et court se jeter dans la Seine au-dessous du Pont-de-l'Arche, est borné par les départements du Calvados, de l'Orne, de Seine-et-Oise, d'Eure-et-Loir, de l'Oise et de la Seine-Inférieure. Chef-lieu, *Évreux*, à 10 myriamètres 1/2 de Paris (26 lieues). Pop. 10,000 hab. Près d'Évreux, se voit le château de Navarre, anciennement le séjour de l'antique famille de Bouillon.—*Ivry*, où en 1590 Henri IV remporta une célèbre victoire sur Mayenne et la Ligue.

Sous-préfectures. — *Pont-Audemer.* — *Bernay.* — *Louviers*, riche par ses superbes manufactures de draps. — *Les Andelys*, petite ville séparée en deux parties par un chemin payé, et distantes l'une de l'autre de près d'un kilomètre. C'est là qu'est né le Poussin, peintre célèbre, et la gloire de l'école française.

Ce département possède de riches mines de fer et des eaux minérales; il produit des poires et des pommes, des grains en abondance, des bois estimés et des fruits. Pop. 415,000 hab.

3° Le département du *Calvados*, qui prend son nom d'une chaîne de rochers très élevés qui borde ses côtes, et où échoua un vaisseau espagnol qui portait le nom de Calvados. Il est borné par la mer de la Manche et les départements de l'Eure, de l'Orne et de la Manche. Chef-lieu, *Caen*, sur la rive de l'Orne, à 26 myriamètres 1/2 de Paris (67 lieues). Pop. 37,000 hab. Là naquirent le poëte Malherbe, et Huet, évêque d'Avranches. Cette ville renferme le tombeau de Guillaume-le-Conquérant ; il s'y fait un grand commerce de chevaux et de dentelles. Par un canal on va directement de Caen à la mer.

Sous-préfectures. — *Bayeux*, sur l'Aure. — *Lisieux*, qui fabrique des toiles de cretonne. — *Pont-l'Evêque.* — *Vire*, sur la Vire. — *Falaise*, célèbre par la naissance de Guillaume-le-Conquérant ; c'est dans un de ses faubourgs que se tient la célèbre foire dite de Guibray.

Les pâturages de ce département sont sa principale richesse ; les bestiaux qu'ils nourrissent sont très estimés, et il s'en fait un grand commerce; ses toiles et ses étoffes sont assez recherchées ; il produit beaucoup de pommes.

4° Le département de la *Manche*, qui est borné par un bras de mer d'où il prend son nom, et par les départements de la Mayenne, d'Ille-et-Vilaine, de l'Orne et du Calvados. Chef-lieu, *Saint-Lô*, à 32 myriamètres 1/2 de Paris (83 lieues). Pop. 8,000 hab.

Sous-préfectures. — *Cherbourg*, très beau port de mer. — *Coutances.* — *Mortain.* — *Avranches.* Près de cette ville on voit le Mont-Saint-Michel, château-fort, dont on a fait depuis peu une prison où sont détenus les condamnés politiques; deux fois par jour la marée le sépare de la terre ferme.

Ce département a de beaux pâturages ; il produit des grains et des légumes. Le *Cotentin*, petit endroit qui se trouve dans ce département, nourrit de bons chevaux.

5° Le département de l'*Orne*, qui prend son nom de la rivière qui le traverse, est borné par ceux du Calvados, d'Eure-et-Loir, de l'Eure, de la Sarthe, de la Mayenne et de la Manche. Chef-lieu, *Alençon*, où Colbert a fondé des fabriques de dentelles et de point d'Alençon. 19 myriam. 1/2 de Paris (49 lieues). Pop. 14,000 hab.

Sous-préfectures. — *Argentan*, jolie petite ville, sur une hauteur ; elle a une belle église. — *Domfront.* — *Mortagne*, petite ville, près de laquelle a été récemment rétabli le monastère de la Trappe.

Ce département possède des carrières de granit, de cristal de roche, et de la terre à faïence et à briques. Pop. 406,000 hab.

Ile-de-France (5 dép.). — 1° Le département de la *Seine*, qui doit son nom à la Seine qui le traverse en entier. Chef-lieu, *Paris*, 840,000 hab. Cette ville est la capitale du royaume, elle a sept lieues de tour, et peut être regardée, avec raison, comme le centre de la civilisation. Le nombre de ses habitants, leur industrie, leurs richesses, la multitude et la beauté de ses monuments, en font la première ville du monde. Parmi les monuments les plus remarquables, il faut compter sa cathédrale, Notre-Dame de Paris, l'église de la Madeleine, la colonne Vendôme, l'arc de triomphe de l'Étoile, la colonne de Juillet, la Chambre des Pairs, celle des Députés, la Bibliothèque royale, la Sorbonne, l'Institut qui se divise en cinq académies, le Muséum d'histoire naturelle, etc., etc. Paris a vu naître une foule d'hommes célèbres : Rollin, Molière, J.-B. Rousseau, Catinat, le prince Eugène de Savoie, Boileau, etc.

Sous-préfectures. — *Sceaux*, gros bourg, à deux lieues sud-ouest de Paris, qui a un joli parc. — *Saint-Denis*, église autrefois abbatiale, aujourd'hui collégiale, sépulture des membres de la famille royale.

Le département de la Seine fait un commerce considérable en tout genre. Les environs de Paris sont charmants, et offrent en été des promenades délicieuses; ils répondent à la magnificence de cette ville. La population du département dépasse un million d'habitants.

2° Le département de *Seine-et-Oise*, qui est ainsi nommé parce qu'il est renfermé entre ces deux rivières ; il est borné par les départements de l'Eure, d'Eure-et-Loir, du Loiret, de Seine-et-Marne et de l'Oise. Chef-lieu, *Versailles*, à 2 myriam. (4 lieues) de Paris. Pop. 20,000 hab. Cette ville, située sur une hauteur, n'était, avant Louis XIV, qu'un rendez-vous de chasse; c'est à ce prince que cette ville dut sa magnificence; elle est bien bâtie, et les rues y sont régulièrement alignées ; elle fut depuis ce prince jusqu'en 1793, la résidence des rois de France; le château qu'y construisit le roi Louis XIV passe pour le plus beau du monde; rien ne peut égaler la beauté et la variété de son parc et de ses jardins. Ses eaux passent pour une merveille. Versailles a vu naître l'abbé de l'Épée, qui le premier conçut l'idée de l'éducation complète des sourds-muets. Deux chemins de fer, l'un sur la rive droite, l'autre sur la rive gauche de la Seine, conduisent en très peu de temps de Paris à cette ville.

Sous-préfectures. — *Mantes.* Philippe-Auguste y mourut en 1223. — *Pontoise*, où se fait un grand commerce de bestiaux, de blé et de farine. — *Rambouillet*, ancien château royal ; cette petite ville possède une bergerie de mérinos. — *Corbeil*, où passe un chemin de fer qui, partant de Paris, doit conduire à Orléans. — *Etampes*, où il y a des carrières de grès.

Plusieurs villes de ce département méritent d'être citées ; entre autres *Saint-Cloud*, château royal, sur la Seine, où fut assassiné Henri III, en 1539 ; en 1799, Bonaparte y renversa le Directoire. — *Sèvres*, célèbre par les produits de sa manufacture de porcelaine. — *Jouy*, dont les toiles peintes sont encore estimées. — *Saint-Germain-en-Laye*, dont l'ancien château royal a été récemment converti en pénitencier militaire ; la forêt qui avoisine cette ville et qui porte son nom, est une des plus anciennes et des plus belles de France. On va de Paris à Saint-Germain en moins de trois quarts d'heure par le chemin de fer. — *Poissy*, qui a un marché considérable de bœufs. — *Le Pecq*, jolie petite ville, construite en amphithéâtre, au bas de Saint-Germain, sur la rive gauche de la Seine qui coule à ses pieds, et vis-à-vis du chemin de fer.

Ce département produit en abondance des grains, du vin et du bois. Pop. 421,000 hab.

3° Le département de *Seine-et-Marne*, qui est borné par ceux de l'Oise, de la Marne, de l'Aube, de l'Yonne, du Loiret et de Seine-et-Oise. Chef-lieu, *Melun*, à 4 myriam. de Paris (11 lieues). Pop. 6,500 hab. Patrie d'Amyot, traducteur de Plutarque.

Sous-préfectures. — *Meaux*, qui se glorifie d'avoir eu pour évêque le grand Bossuet. — *Fontainebleau*, château royal, au milieu de la vaste forêt du même nom ; c'est là que Christine de Suède fit assassiner son favori Monaldeschi ; c'est là encore que Napoléon, en 1814, abdiqua l'Empire. — *Provins*, renommée par ses roses. — *Coulommiers*, qui fait un assez grand commerce de fromages et de blés.

4° Le département de l'*Aisne*, qui a pris son nom de la petite rivière d'Aisne, qui se jette dans l'Oise près de Compiègne ; il est borné par les départements du Nord, des Ardennes, de la Marne, de Seine-et-Marne, de l'Oise et de la Somme. Chef-lieu, *Laon*, à 13 myriam. de Paris (33 lieues).

Sous-préfectures. — *Soissons*, sur l'Aisne, ancienne capitale d'un royaume qui portait ce nom ; Clovis y avait établi sa résidence et le siége de son empire. Aujourd'hui cette ville est célèbre par ses haricots. — *Château-Thierry*, qui a vu naître notre inimitable La Fontaine.—*Saint-Quentin*, sur la Somme, à la jonction du canal de ce nom avec cette rivière ; elle a de célèbres fabriques d'étoffes. Sous les murs de Saint-Quentin, les Espagnols gagnèrent, en 1557, une célèbre bataille. — *Vervins*, où fut conclue en 1598 la paix entre la France et l'Espagne.

Ce département a donné naissance à notre premier poëte tragique, Jean Racine, né à la Ferté-Milon ; il est riche en blé, en grains, en fruits ; il possède de belles carrières, entre autres de pierres à bâtir et de tourbe. Pop. 483,000 hab.

5° Le département de l'*Oise*, qui est borné par ceux de la Somme, de l'Aisne, de Seine-et-Oise, de l'Eure et de la Seine-Inférieure. Chef-lieu, *Beauvais*, à 8 myriam. 3/4 de Paris. Pop. 13,000 hab. Elle fut assiégée en vain en 1472. Les femmes, sous la conduite de Jeanne Hachette, s'y signalèrent par un courage héroïque. Beauvais a une manufacture royale de tapisseries, de tapis de pied, de toiles et de draps.

Sous-préfectures. — *Clermont.* — *Compiègne*, château royal, auprès d'une belle forêt. C'est à Compiègne que Jeanne d'Arc tomba dans les mains des Anglais. — *Senlis*, avec des fabriques de dentelles et de toiles.

Dans ce département se trouve *Noyon*, patrie du réformateur Calvin. — *Chantilly*, célèbre par la naissance du grand Condé. Il produit du blé, du chanvre, du lin, des légumes, du bois, des pommes, on en tire des volailles, des bestiaux, et de la laine qui est très estimée. Pop. 380,000 hab.

CHAMPAGNE (4 dép.). — 1° Le département des *Ardennes*, ainsi nommé de la forêt des Ardennes qu'il renferme. Il est borné par les départements de la Meuse, de la Marne et de l'Aisne. Chef-lieu : *Mézière*, à 23 myriam. 1/2 de Paris (59 lieues). Pop. 3,500 hab. C'est une place forte, dont la Meuse fait une presqu'île. En 1521 Bayard la défendit avec succès contre Charles-Quint.

Sous-préfectures. — *Vouziers.* — *Rhetel.* — *Rocroy*, ville célèbre par la victoire que le grand Condé y remporta, le 19 mai 1643, sur les Espagnols. — *Sedan*, renommée par ses draps. Patrie de Turenne.

Le sol de ce département n'est pas très fertile; il renferme des carrières de marbre et des mines de fer; il fait un commerce assez considérable de clous et d'autres objets de ferronnerie. Population 270,000 hab.

2° Le département de la *Marne*, que parcourt la rivière de ce nom pour venir se joindre ensuite à la Seine, est borné par ceux de l'Aisne, des Ardennes, de la Meuse, de la Haute-Marne, de l'Aube et de Seine-et-Marne. Chef-lieu, *Châlons*, sur la Marne, l'une des plus anciennes villes de France, à 16 myriam. 1/2 de Paris (42 lieues). Cette ville renferme plusieurs monuments remarquables et une école des arts et métiers.

Sous-préfectures. — *Rheims*, archevêché: les rois de France s'y faisaient sacrer. Clovis y reçut le baptême des mains de saint Rémy, archevêque de cette ville. Dès le temps de Jules-César elle était assez importante pour attirer l'attention des Romains. Elle possède une cathédrale qui est digne d'admiration. Rheims est le dépôt de presque tous les vins blancs qui se récoltent dans le département. — *Epernay*, jolie ville, renommée par ses vins. — *Vitry-sur-Marne*, appelée *Vitry-le-Français*, fondée par François Ier; près de cette ville se trouve Vitry-le-Brûlé, bourg autrefois considérable, et qui fut pris par Louis VII, et brûlé en 1142. — *Sainte-Menehould.*

Les vins de ce département sont renommés à juste titre. Le pain d'épice, les biscuits, les petits pâtés et les poires de Rheims sont très estimés. L'air y est généralement très pur, excepté dans le voisinage des marais. Pop. 304,000 hab.

3° Le département de l'*Aube*, qui doit son nom à la rivière de ce nom, est borné par les départements de l'Aisne, de la Marne, de la Haute-Marne, de la Côte-d'Or, de l'Yonne et de Seine-et-Marne. Chef-lieu, *Troyes*, ancienne capitale de la Champagne, à 16 myriam. de Paris (40 lieues), cette ville manufacturière et commerçante, renommée par ses andouilles, a donné naissance au peintre Mignard et au sculpteur Girardon.

Sous-préfectures. — *Bar-sur-Seine.* — *Bar-sur-Aube.* — *Arcis-sur-Aube.* — *Nogent-sur-Seine.*

C'est dans ce département que se trouve Brienne, qui avait autrefois une école militaire où fut élevé Napoléon.

4° Le département de la *Haute-Marne*, qui est borné par ceux de la Marne, de la Meuse, des Vosges, de la Haute-Saône, de la Côte-d'Or et de l'Aube. Chef-lieu, *Chaumont*, à 25 myriam. de Paris (63 lieues). Les environs de cette ville ont beaucoup de mines de fer et des forges; patrie du sculpteur Bouchardon. Pop. 6,000 habitants.

Sous-préfectures. — *Langres*, la ville la plus élevée de France, elle est renommée pour sa coutellerie. — *Vassy*, tristement célèbre dans l'histoire par le massacre que les catholiques y firent des protestants en 1562.

La Marne prend sa source dans ce département; il est fertile en grains, et produit des vins estimés.

LORRAINE (4 dép.). — 1° Le département de la *Meuse*, qui est borné par ceux des Ardennes, des Vosges, de la Haute-Marne et de la Marne. Il doit son nom à la Meuse qui le traverse. Chef-lieu, *Bar-le-Duc*, dit aussi *Bar-sur-Ornain*, dans l'ancien Barrois, à 25 myriam. de Paris (64 lieues). Cette ville est assez renommée par ses vins.

Sous-préfectures. — *Verdun*, renommé par ses dragées; patrie du brave Chevert. — *Montmédy*, place forte. — *Commercy*.

Le blé, le vin, le lin, sont les principales productions du pays qui possède d'ailleurs des forges et de belles verreries.

2° Le département de la *Moselle*, qui doit son nom à la rivière qui l'arrose; il est borné par les départements de la Meurthe, de la Meuse, du Bas-Rhin. Chef-lieu, *Metz*, sur la Moselle, à 31 myriam. (79 lieues de Paris). C'est la patrie du maréchal Fabert. Pop. 41,000 hab.

Sous-préfectures. — *Briey*. — *Thionville*. — *Sarreguemines*, qui fabrique de la faïence.

3° Le département des *Vosges* qui a pris son nom des montagnes des Vosges qui le traversent, est borné par les départements de la Meuse, de la Meurthe, du Bas-Rhin, du Haut-Rhin, de la Haute-Saône et de la Haute-Marne. Chef-lieu, *Epinal*, à 38 myr. 1/4 de Paris (97 lieues). Pop. 7,500.

Sous-préfectures. — *Neufchâteau*, près de cette ville se trouve le village de *Domrémy*, où naquit Jeanne d'Arc. — *Mirecourt*. — *Remiremont*. — *Saint-Dié*.

Ce département est riche en mines de plomb, de fer, et même d'argent. Il produit peu de blé, mais de l'orge en abondance, de l'avoine, du sarrazin et d'excellentes pommes de terre; il fournit peu de vin, et d'une qualité inférieure. Pop. 237,000 hab.

4° Le département de la *Meurthe* qui prend son nom de la rivière qui se jette dans la Moselle après l'avoir traversé, est borné par les départements de la Meuse, des Vosges et du Bas-Rhin. Chef-lieu, *Nancy*, charmante ville, très salubre et bâtie régulièrement. Elle renferme les tombeaux des ducs de Lorraine; patrie du célèbre peintre Callot; à 33 myriam. 1/2 de Paris (85 lieues). Pop. 30,000 habitants.

Sous-préfectures. — *Toul*, ville jadis impériale, mais qui fut conquise par Henri II sur l'Allemagne, ainsi que Metz et Verdun, est depuis ce temps resté à la France. — *Château-Salins*, qui prend son nom de la belle saline qui s'y exploite. — *Sarrebourg*. — *Lunéville*, où une paix entre la France et l'Allemagne fut signée en 1801.

Ce département produit du lin, du chanvre, du blé, du vin; on y exploite des mines de sel gemme, de fer et de charbon de terre.

DÉPARTEMENTS SITUÉS A L'EST.

ALSACE (2 dép.) — 1° Le département du *Haut-Rhin*, ainsi nommé, parce qu'il est formé de la partie de l'Alsace la plus rapprochée de la source du Rhin; il est borné par les départements des Vosges, de la Haute Saône, du Doubs, du Bas-Rhin, et par le Rhin et la Suisse. Chef-lieu, *Colmar*, place forte, à 48 myriam. 1/4 de Paris (123 lieues). Pop. 15,000 hab.

Sous-préfectures. — *Altkirck.* — *Béfort*, entrepôt de l'Allemagne et de la Suisse. On trouve dans ce département des papeteries, des fabriques de draps, de toiles, des forges considérables; il produit de la garance, du blé, du vin, du fer, c'est un des départements les plus industriels de la France.

2° Le département du *Bas-Rhin*, ainsi appelé de son éloignement de la source du Rhin, il est borné par le Rhin, par les départements du Haut-Rhin, des Vosges, de la Meurthe et de la Moselle. Chef-lieu : *Strasbourg*, ville très forte sur l'Ill, à 46 myriam. 1/2 de Paris (119 lieues). Pop. 50,000 hab. Reste des vastes conquêtes de Louis XIV, qui s'en empara en 1681. Cette ville conserve avec orgueil le tombeau du maréchal de Saxe, le plus bel ouvrage de Pigal; on y voit aussi un beau monument élevé à la gloire du général Desaix. La cathédrale est une des plus belles de l'Europe ; la tour qui lui sert de clocher à 474 pieds de hauteur, elle est d'un travail infini et découpée comme de la dentelle ; son horloge, qui marque les heures, les jours, les semaines, les mois et le cours de plusieurs planètes, est un véritable chef-d'œuvre de mécanique.

Sous-préfectures. — *Weissembourg.* — *Schelestadt.* — *Saverne*, où l'on voit un beau château qui appartenait autrefois à l'évêque de Strasbourg.

On trouve dans ce département des mines de plomb, de cuivre, d'argent, des manufactures et des fabriques de métaux ; il produit du vin très estimé, du chanvre et du tabac. Pop. 489,000 hab.

Franche-Comté (3 dép.). — 1° Le département de la *Haute-Saône* qui est borné par ceux de la Haute-Marne, des Vosges, du Haut-Rhin, du Doubs, du Jura et de la Côte-d'Or. Chef-lieu : *Vesoul*, à 35 myriam. 1/2 de Paris. Pop. 6,000 hab.

Sous-préfectures. — *Gray.* — *Lure.*

Ce département produit du blé, du vin, des légumes, des fruits, des pâturages. Pop. 292,000 hab.

2° Le départ. du *Doubs*, qui a reçu son nom de la rivière qui le traverse. Il est borné par les départements de la Haute-Saône, du Haut-Rhin, du Jura et par la Suisse. Chef-lieu : *Besançon*, ville forte sur un rocher inexpugnable, à 39 myriam. 1/2 de Paris (101 lieues). Pop. 29,000 hab.

Sous-préfectures. — *Beaume-les-Dames.* — *Pontarlier*, passage en Suisse. — *Montbelliard.* — Ce département est peu fertile en grains ; il produit des bois de bonne qualité, de bons pâturages ; il y a des mines de fer et des forges.

3° Le département du *Jura*, ainsi nommé du mont Jura, prolongement des Alpes, borné par les départements de la Haute-Saône et du Doubs, par la Suisse, par les départements de l'Ain, de Saône-et-Loire et de la Côte-d'Or. Chef-lieu : *Lons-le-Saulnier*, à 41 myriam. de Paris (105 lieues). Pop. 7,000 hab.

Sous-préfectures. — *Dôle*, ancienne capitale de la Franche-Comté avant Besançon. — *Poligny.* — *Saint-Claude*, où l'on fabrique de jolis ouvrages en buis, en corne, en ivoire.

Ce département est très fertile en blé, en bons vins, en fruits, en légumes, en blé de Turquie ou maïs. On y trouve des mines de fer, de plomb, et des eaux minérales. Pop. 270,000 hab.

2

BOURGOGNE (4 dép.). — 1° Le département de la *Côte-d'Or*, qui est borné par ceux de l'Aube, de la Haute-Marne, de la Haute-Saône, du Jura, de Saône-et-Loire, de la Nièvre et de l'Yonne; son nom lui vient d'une chaîne de petites montagnes qui produisent les meilleurs vins de France, et qui s'étendent depuis Dijon jusqu'à Châlons. Chef-lieu : *Dijon*, à 30 myriam. 1/2 de Paris (78 lieues). Pop. 22,000 hab.

Les états de Bourgogne s'y tenaient autrefois. Cette ville a des rues larges, bien pavées et garnies de trottoirs. Dijon a vu naître une foule d'hommes célèbres parmi lesquels on compte Vauban, Bossuet, Crébillon, Rameau, Soufflot, architecte du Panthéon, madame de Sévigné, etc.

Sous-préfectures. — *Beaune*, d'où l'on tire des vins fort estimés. — *Châtillon-sur-Seine.* — *Sémur.* A quelque distance de cette ville se trouve *Montbard*, célèbre par la naissance de Buffon.

Ce département est renommé pour ses vins; il produit des grains, des fruits; on y exploite des mines de fer, des fonderies et des forges. Pop. près de 300,000 hab.

2° Le département de l'*Yonne*, qui prend son nom de la rivière de l'Yonne qui se jette dans la Seine à Montereau-Fault-Yonne, est borné par ceux de Seine-et-Marne, de l'Aube, de la Côte-d'Or, de la Nièvre et du Loiret. Chef-lieu : *Auxerre*, à 17 myriam. de Paris (43 lieues). Pop, 11,000 hab. Les environs de cette ville sont animés par des coteaux chargés de vignobles qui produisent d'excellents vins.

Sous-préfectures. — *Sens*, au confluent de la Vanne et de l'Yonne, ancienne ville. — *Joigny.* — *Avalon.* — *Tonnerre*, qui produit de bons vins.

Ce département est un des plus fertiles en productions de toute espèce. Il contribue considérablement aux approvisionnements de Paris. Pop. 319,000 hab,

3° Le département de *Saône-et-Loire*, qui doit son nom à ces deux rivières qui le traversent, est borné par les départements de la Nièvre, de la Côte-d'Or, du Jura, de l'Ain, du Rhône, de la Loire et de l'Allier. Chef-lieu : *Mâcon*, à 40 myriam. de Paris (102 lieues). Pop. 11,000 hab. Son territoire produit de bons vins qui portent son nom.

Sous-préfectures. — *Autun*, ancienne ville, riche en antiquités,

— *Louhans.* — *Charolles.* — *Châlons-sur-Saône*, à l'endroit de jonction du canal du Centre. Ce département fait un commerce assez étendu en bétail, en blé, en foin ; il produit également tout ce qui est nécessaire à la vie. Pop. 464,000 hab.

4° Le dép. de l'*Ain*, qui tire son nom de la rivière de l'Ain qui le traverse ; il est borné par ceux de Saône-et-Loire, du Jura, de l'Isère et du Rhône. Chef-lieu : *Bourg-en-Bresse*, à 43 myriam. de Paris (110 lieues), sur la petite rivière de la Rassousse. Cette ville a donné naissance au grammairien Vaugelas et à l'astronome Lalande.

Sous-préfectures. — *Nantua*, ville industrieuse au bord du petit lac du même nom. — *Belley.* — *Gex* — *Trévoux.*

Ce département est fertile en grains, en maïs ou blé de Turquie ; il donne de bon bois et renferme des étangs poissonneux. Pop. 298,000 hab.

LYONNAIS (2 dép.). — 1° Le département du *Rhône*, borné par ceux de Saône-et-Loire, de l'Ain, de l'Isère et de la Loire. Chef-lieu : *Lyon*, l'une des villes les plus importantes par son commerce, son industrie et sa population. Elle a été fondée par les Romains l'an 711 de Rome, sous le règne de Jules-César. On y voit des restes magnifiques de monuments romains, des cirques, des aqueducs, des arcs-de-triomphe, qui attestent son ancienne splendeur. Elle est célèbre aujourd'hui par ses étoffes de soie, d'or et d'argent, et par sa chapellerie. La place Bellecour, resserrée entre la Saône et la Loire, est une des plus belles de l'Europe. Lyon a vu naître les empereurs romains Claude, Marc-Aurèle et Caracalla ; le botaniste Jussieu, Audran le graveur, et une multitude d'autres grands hommes.

Sous-préfecture. — *Villefranche*, jolie petite ville, salubre et bien bâtie.

Ce département renferme des mines de cuivre et de plomb ; il produit de beaux blés, du vin et des fruits. Pop. 336,000 hab.

2° Le département de la *Loire*, borné par ceux de l'Allier, de Saône-et-Loire, de l'Ardèche, de la Haute-Loire et du Puy-de-Dôme ; il doit son nom à la Loire, qui le traverse. Chef-lieu : *Montbrison*, à 44 myriam. 1/3 de Paris (113 lieues). Pop. 5,300 habitants.

Sous-préfectures. — *Roanne*, sur la Loire. — *Saint-Étienne*, ville très industrieuse et commerçante; un chemin de fer conduit de Lyon à cette ville. Elle a une école royale des mines, une manufacture d'armes et des fabriques de rubans de soie. Il se trouve aux environs de cette ville de belles houillères.

Ce département produit du blé et du vin, et possède des mines de fer et de charbon. Pop. 311,000 hab.

DÉPARTEMENTS SITUÉS AU MILIEU.

Orléanais (3 dép.). — 1° Le département du *Loiret* tire son nom d'une petite rivière qui, après un cours d'un myriamètre, se réunit, au-dessus d'Orléans, à la Loire. Il est borné par les départements d'Eure-et-Loir, Seine-et-Oise, Seine-et-Marne, Yonne, Nièvre, Cher et Loir-et-Cher. Chef-lieu : *Orléans*, grande et belle ville, ancienne capitale de l'Orléanais. Cette ville a des raffineries de sucre, des fabriques renommées de vinaigre et d'eau-de-vie.

Sous-préfectures. — *Gien.* — *Montargis*, près de la jonction des canaux de Briare, d'Orléans et du Loing; elle a de belles manufactures de papiers. — *Pithiviers*, dont les pâtés d'alouettes sont fort recherchés des gourmets.

2° Le département d'*Eure-et-Loir* prend son nom de ces deux rivières qui l'arrosent. Il est borné par les départements de l'Eure, de Seine-et-Oise, du Loiret, de Loir-et-Cher, de la Sarthe et de l'Orne. Chef-lieu : *Chartres*, autrefois capitale de la Beauce, sur l'Eure, à 9 myriam. 1/4 de Paris (24 lieues). Pop. 15,000 hab. La cathédrale de Chartres est une des plus belles de France. Henri IV y fut sacré en 1591. On trouve dans ses environs beaucoup d'antiquités druidiques.

Sous-préfectures. — *Nogent-le-Rotrou.* — *Châteaudun*, sur le Loir. — *Dreux*, une des villes les plus importantes de la Gaule sous les Romains. Elle avait autrefois un collége de Druides. En 1562, il se donna sous ses murs, entre les protestants et les catholiques, une fameuse bataille, où le prince de Condé fut fait prisonnier.

Ce département ne produit que du vin médiocre; mais il a d'excellents pâturages qui nourrissent de beaux bestiaux, et il est très fertile en grains.

3° Le département de *Loir-et-Cher* prend son nom des deux rivières qui l'arrosent. Il est borné par les départements d'Eure-et-Loir, du Loiret, du Cher, de l'Indre et d'Indre-et-Loire. Chef-lieu : *Blois*, à 18 myriam. de Paris (46 lieues). Pop. 13,054 hab. Cette ville a vu mourir, en 1588, le duc de Guise et le cardinal son frère, assassinés, par les ordres de Henri III, aux états qui s'y tenaient alors.

Sous-préfectures. — *Vendôme*, sur le Loir. — *Romorantin*, autrefois capitale de la Sologne, pays stérile et couvert de landes.

Touraine (1 départ.). — Le département d'*Indre-et-Loire*, ainsi nommé des deux rivières qui le traversent, est borné par les départements de la Sarthe, de Loir-et-Cher, de l'Indre, de la Vienne et de Maine-et-Loire. Chef-lieu : *Tours*, qui a de belles fabriques de soie qui le disputent à celles de Lyon ; elle fait un grand commerce de pruneaux. Patrie du poëte Destouches et du père Rapin. 24 myriam. 1/4 de Paris (62 lieues). Pop. 20,000 habitants.

Sous-préfectures. — *Loches.* — *Chinon*, qui servit de refuge à Charles VII lorsque les Anglais occupaient presque tout le pays. Patrie de Rabelais. Du blé, du vin, des légumes, des pâturages, des fruits, du miel, de la gomme, des huiles estimées, font la richesse de ce département, illustré d'ailleurs pour avoir donné naissance au mathématicien Descartes. Pop. 270,000 hab.

Berry (2 dép.). — 1° Le département de l'*Indre*, borné par les départements d'Indre-et-Loire, de Loir-et-Cher, du Cher, de la Creuse, de la Haute-Vienne et de la Vienne, tire son nom de la rivière de l'Indre, qui y prend sa source. Chef-lieu: *Châteauroux*, à 26 myriam. de Paris (64 lieues). Pop. 8,500 hab.

Sous-préfectures. — *La Châtre*, sur l'Indre. — *Le Blanc*, sur la Creuse. — *Issoudun*, qui fait un commerce considérable de bois, et a des fabriques de draps, de toiles de coton, de parchemin.

La richesse du département consiste en laines qui y sont bonnes et abondantes, il y a des prairies magnifiques. Pop. 200,000 hab.

2° Le département du *Cher*, ainsi nommé d'une petite rivière qui le parcourt, est borné par ceux du Loiret, de la Nièvre, de l'Allier, d'Indre-et-Loire. Chef-lieu : *Bourges*, dont on admire la cathédrale. Patrie du célèbre prédicateur Bourdaloue; elle a vu naître les rois Charles VII et Louis XI. A 23 myriam. 1/2 de Paris (59 lieues).

Sous-préfectures. — *Saint-Amand.* — *Sancerre*, sur une colline de vignes qui domine la Loire.

Ce département est riche en mines de fer; il produit des châtaigniers qui sont d'une grande ressource pour les habitants, du bois, des bestiaux, du chanvre et du lin.

NIVERNAIS (1 dép.). — Le département de la *Nièvre*, ainsi nommé d'une petite rivière qui se jette dans la Loire à Nevers, est borné par ceux du Loiret, de l'Yonne, de la Côte d'Or, de Saône-et-Loire, de l'Allier et du Cher. Chef-lieu : *Nevers*, ancienne capitale du Nivernais, au confluent de l'Allier avec la Loire; à 23 myriam. de Paris (60 lieues). Pop. 12,000 hab. C'est la patrie du poëte Adam Billaut. Dans les environs se trouvent les forges de Fourchambaud.

Sous-préfectures. — *Cosne.* — *Clamecy*, qui approvisionne Paris de bois et de charbon. — *Château-Chinon.*

On trouve dans ce département des mines de fer et même des mines d'argent. Il produit du blé, du vin, etc.

BOURBONNAIS (1 dép.). — Le département de l'*Allier*, qui tire son nom de la rivière qui le traverse, est borné par ceux du Cher, de la Nièvre, de Saône-et-Loire, du Puy-de-Dôme et de la Creuse. Chef-lieu : *Moulins*, sur l'Allier, à 29 myriam. de Paris (75 lieues). Pop. 14,000 habitants. Patrie des géneraux de Villars et Berwick.

Sous-préfectures. — *La Palisse.* — *Gannat.* — *Mont-Luçon.*

Ce département est riche en productions de toutes espèces; il s'y fait un commerce assez considérable de poissons, bœufs et porcs ; il y a aussi des forges et des filatures de laine et chanvre. Pop. 260,000 hab.

MARCHE (1 dép.). — Le département de la *Creuse* tire son nom d'une rivière qui y prend sa source; il est borné par ceux de l'Indre, de l'Allier, du Puy-de-Dôme, de la Corrèze et de la Haute-Vienne. Chef-lieu : *Guéret*, à 43 myriam. de Paris (110 lieues). Pop. 4,000 hab.

Sous-préfectures. — *Bourganeuf.* — *Boussac.* — *Aubusson*, célèbre par sa manufacture royale de tapisseries.

Le blé vient mal dans ce département, mais l'avoine et le seigle y sont superbes.

LIMOUSIN (1 dép.). — 1° Le département de la *Haute-Vienne*, ainsi nommé de la rivière qui y prend sa source, est borné par ceux de la Vienne, de l'Indre, de la Creuse, de la Corrèze, de la Dordogne et de la Charente. Chef-lieu : *Limoges*, sur la Vienne, à 38 myriam. de Paris (97 lieues). Pop. 20,000 hab. Patrie du poëte Dorat et du chancelier d'Aguesseau.

Sous-préfectures. — *Saint-Yrieix*, qui a une manufacture de porcelaine. — *Rochechouart.* — *Bellac.*

Ce département élève de beaux bestiaux et des chevaux estimés. Il possède une belle mine d'étain.

2° Le département de la *Corrèze* tire son nom d'une rivière qui passe à Tulle, à Brives, et se jette dans le Vezer ; il est borné par ceux de la Creuse, de la Haute-Vienne, du Puy-de-Dôme, du Cantal, du Lot et de la Dordogne. Chef-lieu : *Tulle*, à 46 myriam. de Paris (118 lieues), population; 9,000 habitants. Cette ville a des manufactures de dentelles connues sous le nom de tulles.

Sous-préfectures. — *Ussel.* — *Brives-la-Gaillarde*, qui produit des truffes estimées.

Ce département produit du vin ; il a des mines de cuivre, de fer, d'ardoise et de marbre.

AUVERGNE (2 dép.). — Le département du *Puy-de-Dôme*, qui prend son nom d'une montagne qui domine de 1630 mètres le niveau de la mer; il est borné par les départements de l'Allier, de la Loire, de la Haute-Loire, du Cantal, de la Corrèze et de la Creuse. Chef-lieu : *Clermont-Ferrand*, ancienne capitale de l'Auvergne, qui a vu naître B. Pascal. On remarque la fontaine de Saint-Allyre, dont les eaux ont la vertu de pétrifier les objets que l'on y fait séjourner un certain temps, 33 myriam. 1/2 de Paris (88 lieues). Pop. 30,000 habitants.

Sous-préfectures. — *Riom*, bâtie en laves; — *Issoire*, dans un des plus beaux sites de la France; — *Ambert*, — *Thiers*, célèbre par ses papeteries.

Ce département est riche surtout en plantes aromatiques. Population : 540,000 habitants.

2° Le département du *Cantal*, qui tire son nom d'un groupe de montagnes dont la plus haute, appelée le Plomb du Cantal, domine la mer d'environ 330 mètres ; il est borné par les départements du Puy-de-Dôme, de la Haute-Loire, de la Lozère, de l'Aveyron, du Lot et de la Corrèze. Chef-lieu : *Aurillac*, à 54 myriam. de Paris (133 lieues). Pop. 10,000 hab. Patrie du pape Gerbert (Sylvestre II), et du maréchal de Noailles. Cette ville fait un commerce considérable de chaudronnerie et de mulets.

Sous-préfectures. — *Saint-Flour*, ville construite en laves sur des rochers basaltiques; patrie du poëte Dubelloy. — *Murat.* — *Mauriac*, ville commerçante, qui élève de bons chevaux qui sont regardés comme les meilleurs de France.

Département généralement pauvre et peu fertile ; il a cependant quelques bons pâturages qui nourrissent de superbes bestiaux. Pop. 250,000 hab.

DÉPARTEMENTS SITUÉS A L'OUEST.

Bretagne (5 dép.). — 1° Le département d'*Ille-et-Vilaine*, qui tire son nom de deux rivières qui se réunissent non loin de Rennes; il est borné par la mer, et par les départements de la Manche, de la Mayenne, de la Loire-Inférieure, du Morbihan et des Côtes-du-Nord. Chef-lieu, *Rennes*, à 34 myriam. 2/3 de Paris. Population 29,000 hab. C'est dans cette ville que s'assemblaient autrefois les états de la province ; elle fait un grand commerce de beurre.

Sous-préfectures. — *Saint-Malo*, ville bâtie sur un rocher et qui a un bon port bien fréquenté quoique d'un accès difficile. Patrie de Duguay-Trouin, l'honneur de la marine française, et de Jacques Cartier, qui découvrit le Canada. — *Fougères.* — *Vitré.* — *Redon.* — *Montfort.*

Dans ce département se trouve *Cancale*, petit port de mer où l'on pêche des huîtres fort estimées. Il produit du lin, du chanvre, des légumes, des fruits ; on y rencontre de beaux pâturages ; on en tire d'excellent beurre, connu sous le nom de *Prévalais*. Population 502,000 hab.

2° Le département des *Côtes du-Nord*, borné par l'Océan et par les départements d'Ille-et-Vilaine, du Morbihan et du Finistère. Chef lieu, *Saint-Brieuc*, à 44 myriam. 1/2 de Paris (114 lieues). Pop. 9,000 hab.

Sous-préfectures. — *Lannion.* — *Dinan*, qui a des eaux minérales. — *Loudéac*, où l'on fabrique des toiles estimées sous le nom de toiles de Bretagne. — *Guingamp*, où l'on fabrique des toiles de coton du même nom.

Le miel, le chanvre, le lin, les grains, forment les principales productions de ce pays. Pop. 510,000 hab.

3° Le département de la *Loire-Inférieure*, borné par ceux du Morbihan, d'Ille-et-Vilaine, de Maine-et-Loire, de la Vendée, et par l'Océan. Chef-lieu, *Nantes*, à 39 myriam. de Paris (99 lieues), anciennement résidence des ducs de Bretagne. Cette ville est l'une des plus commerçantes du royaume; on y construit beaucoup de vaisseaux. C'est là que Henri IV donna, en 1586, le fameux édit dont la révocation par Louis XIV, en 1686, causa tant de désastres à la France.

Sous-préfectures. — *Savenay.* — *Ancenis.* — *Châteaubriant*, renommé par ses confitures sèches d'angéliques. — *Paimbœuf*, à l'embouchure de la Loire, et où s'arrêtent les vaisseaux qui ne peuvent remonter jusqu'à Nantes.

On récolte dans ce département des fruits et du grain. Il a de gras pâturages et des mines de charbon de terre; on y trouve de belles fabriques de basins, de cotonnades, de serges et de coutils. Pop. 395,000 hab.

4° Le département du *Finistère*, qui doit son nom à sa position; il est borné par l'Océan, et par les départements des Côtes-du-Nord et du Morbihan. Chef-lieu, *Quimper*, à 62 myriam. 1|4 de Paris (159 lieues). Pop. 7,000 hab.

Sous-préfectures. — *Châteaulin.* — *Quimperlé.* — *Morlaix*, avec un petit port sur la Manche. — *Brest*, vaste et beau port de mer, avec un magnifique arsenal, et un bagne où sont envoyés les criminels condamnés à plus de 10 ans de fers.

On recueille dans ce département du blé, du lin, du chanvre et des légumes; on y trouve des mines de plomb et d'ardoises; il fait un commerce considérable de poisson. Pop. 450,000 hab.

5° Le département du *Morbihan*, borné par les départements du Finistère, des Côtes-du-Nord, d'Ille-et-Vilaine, de la Loire-Inférieure et par l'Océan. Chef-lieu, *Vannes*, à 150 myriam. de Paris (128 lieues). Pop. 10,000 hab. Ville ancienne et commerçante, sur le golfe du Morbihan, d'où ce département prend son nom.

Sous-préfectures. — *Ploërmel.* — *Pontivy.* — *Lorient*, avec un bon port, et un bagne où sont envoyés les militaires condamnés pour insubordination.

Dans ce département on pêche des sardines et diverses autres espèces de poissons : il fait un commerce important avec le sel et le beurre qu'il produit ; ses bestiaux sont généralement estimés. Pop. 395,000 hab.

MAINE (2 dép.). — 1° Le département de la *Sarthe*, borné par ceux de la Mayenne, de l'Orne, d'Eure-et-Loir, de Loir-et-Cher, d'Indre-et-Loire, de Maine-et-Loire. Il prend son nom de la Sarthe, rivière qui le traverse. Chef-lieu, *le Mans*, sur la Sarthe, à 21 myriam. 1/4 de Paris (54 lieues). Pop. 19,000 hab. Cette ville est renommée pour ses volailles.

Sous-préfectures. — *Mamers*, qui a des fabriques de toiles estimées. — *Saint-Calais.* — *La Flèche*, qui a une école royale militaire préparatoire, fondée par Henri IV. Les volailles et les bougies de ce département sont fort recherchées. Il s'y trouve de beaux pâturages ; le blé et le chanvre y viennent bien.

2° Le département de la *Mayenne*, arrosé du nord au midi par la rivière qui lui donne son nom, est borné par ceux de la Manche, de l'Orne, de la Sarthe, de Maine-et-Loire et d'Ille-et-Vilaine. Chef-lieu, *Laval*, qui fabrique des toiles estimées, à 28 myriam. de Paris (72 lieues). Pop. 8,000 hab.

Sous-préfectures. — *Mayenne.* — *Château-Gonthier.*

Ce département possède des blanchisseries, des manufactures de toiles et de draps, des forges ; il produit principalement du lin, du chanvre et des graines. Pop. 330,000 hab.

ANJOU (1 dép.). — Le département de *Maine-et-Loire*, borné par ceux de la Mayenne, de la Sarthe, d'Indre-et-Loire, de la Vienne, des Deux-Sèvres, de la Vendée et de la Loire-Inférieure. Il doit son nom à la Mayenne, que l'on nomme aussi la Maine. Chef-lieu, *Angers*, à 30 myriam. de Paris (76 lieues). Population 29,000 hab. C'est une ville grande et bien bâtie ; elle a une école royale des arts et métiers.

Sous-préfectures. — *Segré.* — *Baugé.* — *Beaupréau.* — *Saumur*, qui a une école de cavalerie.

Parmi les productions de ce pays, on doit surtout signaler la soie et l'huile; il fait aussi avantageusement le commerce des bestiaux et des ardoises. Pop. 400,000 hab.

POITOU (3 dép.). — 1° Le département de la *Vienne*, qui doit son nom à la rivière qui le traverse; il est borné par ceux de Maine-et-Loire, d'Indre et-Loire, de l'Indre, de la Haute-Vienne, de la Charente et des Deux-Sèvres. Chef-lieu, *Poitiers*, à 34 myr. 1/3 de Paris (88 lieues). Grande ville, mal bâtie et mal peuplée. Population 21,000 hab. Sous les murs de cette ville se sont données trois batailles célèbres. Dans la première, Clovis vainquit Alaric, roi des Visigoths, en 507; dans la deuxième, en 732 Charles-Martel détruisit l'armée des Sarrazins; dans la troisième, Jean-le-Bon fut fait prisonnier en 1356, par les Anglais, commandés par le fameux prince de Galles.

Sous-préfectures. — *Loudun.* — *Montmorillon.* — *Civray.* — *Châtellerault*, renommée par sa coutellerie.

Ce département produit en abondance toutes les denrées qui sont nécessaires à la vie. On y rencontre quelques fabriques de papier. Pop. 250,000 hab.

2° Le département des *Deux-Sèvres*, qui doit son nom à deux rivières qui y prennent leur source; il est borné par ceux de Maine-et-Loire, de la Vienne, de la Charente, de la Charente-Inférieure et de la Vendée. Chef-lieu, *Niort*, à 41 myriam. 1/2 de Paris (106 lieues). Pop. 15,000 hab. Madame de Maintenon naquit dans une prison de cette ville; patrie de Fontanes.

Sous-préfectures. — *Melle.* — *Parthenay.* — *Bressuire*, qui dans les guerres civiles fut la proie des flammes.

Les bestiaux et les laines de ce département sont l'objet d'un commerce assez étendu; il produit aussi toutes les espèces de céréales et des graines grasses. Pop. 251,000 hab.

3° Le département de la *Vendée*, ainsi nommé d'une petite rivière qui s'y trouve. La guerre civile a cinq fois décimé ce département, où l'on ne compte guère plus de 250,000 hab. Il est borné par le département de la Loire-Inférieure, de Maine-et-Loire, des Deux-Sèvres, de la Charente-Inférieure, et par l'Océan. Chef-lieu, *Bourbon-Vendée*, autrefois nommée *Roche-sur-Yon*, à 47 myr. de Paris (118 lieues). Bâtie en grande partie en 1807.

Sous-préfectures. — *Fontenay-le-Comte*, sur la Vendée. — *Les Sables-d'Olonne*, port assez commerçant.

Les chevaux et les mulets que produit ce département sont assez recherchés. Pop. 258,000 hab. Avant la guerre civile, on y en comptait plus de 500,000.

Aunis (1 dép.). — Le département de la *Charente-Inférieure*, où se trouve l'embouchure de la Charente, est borné par les départements de la Vendée, des Deux-Sèvres, de la Charente, de la Dordogne, de la Gironde, et par l'Océan. Chef-lieu, *La Rochelle*, à 47 myriam. de Paris (120 lieues). Pop. 19,000 hab. Elle a vu naître Réaumur; elle a un excellent port et une bonne rade. En 1628, devenue l'asile des protestants, elle soutint courageusement un long siége contre les troupes catholiques commandées par le cardinal de Richelieu.

Sous-préfectures. — *Jonsac.* — *Saint-Jean-d'Angely.* — *Marennes*, où l'on pêche de bonnes huîtres. — *Saintes*, qui possède un arc de triomphe qui date du temps des Romains. — *Rochefort*, qui a un beau port de mer, et un bagne où sont détenus les condamnés à plus de 10 ans de galères.

L'île de *Ré* au nord, et l'île d'*Oléron* au midi de ce département, en font partie.

Ce département fait un grand commerce d'eau-de-vie. Population 395,000 hab.

Saintonge et Angoumois (1 dép.). — Le département de la *Charente*, qui tire son nom de la Charente qui le traverse. Il est borné par ceux des Deux-Sèvres, de la Vienne, de la Haute-Vienne, de la Dordogne et de la Charente-Inférieure. Chef-lieu, *Angoulême*, à 45 myriam. 1/2 de Paris (116 lieues). Pop. 15,000 hab. Cette ville est située sur une montagne, au pied de laquelle coule la Charente. Elle a une célèbre école de marine.

Sous-préfectures. — *Ruffec.* — *Confolens.* — *Barbezieux.* — *Cognac*, qui fait un si grand commerce de l'eau-de-vie de ce nom, a vu naître François Ier.

Le gibier abonde dans ce département. Il y a aussi des fabriques de gros draps et de serges; il possède en outre des mines de fer et des fonderies de canons. Pop. 320,000 hab.

DÉPARTEMENTS SITUÉS AU MIDI.

Guyenne et Gascogne (9 dép.). — 1° Le département de la *Dordogne*, qui tire son nom d'une rivière qui prend sa source au mont d'Or, dans le département du Puy-de-Dôme, et se joint à la Garonne au Bec-d'Ambès, où elle prend le nom de Gironde jusqu'à la mer. Il est borné par les départements de la Charente, de la Haute-Vienne, de la Corrèze, du Lot, de Lot-et-Garonne, de la Gironde et de la Charente-Inférieure; dans ce département est né le célèbre Michel Montaigne, un de nos plus profonds moralistes. Chef-lieu, ***Périgueux***, à 47 myriam. 1/4 de Paris (121 lieues). Pop. 6,000 hab. Cette ville fait un grand commerce de truffes.

Sous-préfectures. — *Nontron.* — *Riberac.* — ***Bergerac***, sur la rive droite de la Dordogne; les vins de ce pays sont estimés. — *Sarlat.*

Ce département possède des mines de fer et de cuivre, des forges en grand nombre; il produit des châtaignes, des truffes fort estimées, et d'assez bons vins.

2° Le département de la *Gironde* doit son nom au changement de nom de la Garonne, qui, ainsi que nous l'avons dit plus haut, prend le nom de Gironde à sa jonction avec la Dordogne. Il est borné par les départements de la Charente-Inférieure, de la Dordogne, de Lot-et-Garonne et des Landes. Chef-lieu, ***Bordeaux***, à 57 myriam. de Paris (147 lieues). Pop. 94,000 hab. Cette ville a un port vaste et sûr qui peut contenir 1,000 vaisseaux; elle est regardée comme la seconde ville de France; elle a un très beau pont sur la Garonne, et fait un commerce très étendu des vins dits de Bordeaux. Dans ses environs est né Montesquieu, philosophe éclairé, écrivain habile, qui n'a point eu de rival.

Sous-préfectures. — *La Réole.* — *Bazas.* — *Lesparre.* — *Blaye*, ville forte avec un bon port, où mouillent les vaisseaux qui montent et descendent la Gironde. — *Libourne*, ville industrieuse et commerçante.

Les vins de ce département sont l'objet d'un commerce immense; parmi eux on cite les vins de Saint-Emilion, de Laffitte, de Sauterne, de Grave, etc. Pop. 507,000 hab.

3° Le département du *Lot-et-Garonne*, qui tire ce nom de deux rivières qui l'arrosent. Il est borné par les départements de la Dordogne, du Lot, de Tarn-et-Garonne, du Gers, des Landes et de la Gironde. Chef-lieu : *Agen*, à 71 myriam. 1/2 de Paris (183 lieues), ville commerçante; patrie de Scaliger et de Lacépède.

Sous-préfectures. — Marmande. — Villeneuve-d'Agen, que le Lot traverse. — *Nérac*, qui avec Pau était autrefois la résidence des rois de Navarre.

Les principaux produits de ce département consistent en prunes, tabac et liége. Pop. 320,000 hab.

4° Le département du *Lot* est traversé de l'orient à l'occident par le Lot, qui lui a donné son nom ; il est borné par les départements de la Dordogne, de la Corrèze, du Cantal, de l'Aveyron, de Tarn-et-Garonne, et de Lot-et-Garonne. Chef-lieu : *Cahors*, sur le Lot; les vins de son territoire sont assez recherchés; patrie du poëte Clément Marot et du pape Jean XXII.

Sous-préfectures. — Figeac. — Gourdon.

Les vins de ce département font sa principale richesse ; il fait aussi un commerce assez considérable de laines.

5° Le département de *Tarn-et-Garonne*, borné par ceux de Lot-et-Garonne, du Lot, de l'Aveyron, du Tarn, de la Haute-Garonne et du Gers, doit son nom aux deux rivières qui l'arrosent. Chef-lieu : *Montauban*, à 70 myriam. 2/3 de Paris (170 lieues). Pop. 25,000 hab.

Sous-préfectures. — Castel-Sarrazin. — Moissac.

Ce département fait un commerce assez considérable en huile, en blé, en laine et en safran ; on y cultive les mûriers, les oliviers, les lauriers ; il produit aussi de la garance. Pop. 202,000 habitants.

6° Le département de l'*Aveyron*, qui doit son nom à la rivière d'Aveyron. Il est borné par les départements du Cantal, de la Lozère, du Gard, de l'Hérault, du Tarn, de Tarn-et-Garonne et du Lot. Chef-lieu : *Rhodez*, ancienne capitale du Rouergue, à 69 myriam. de Paris (177 lieues). Pop. 7,000 hab.

Sous-préfectures. — Espalion. — Milhau. — Sainte-Affrique. — Villefranche; auprès de cette ville il y a des forges nombreuses, des fonderies et des fabriques d'ouvrages en cuivre.

Le fer, le cuivre, le soufre, le vitriol, l'alun et le marbre se trouvent en assez grande quantité dans ce département ; il abonde au reste en bestiaux estimés et en fruits ; c'est lui qui fournit le fromage si connu sous le nom de *Roquefort*, petit village à deux lieues de Sainte-Affrique.

7° Le département des *Landes*, qui prend son nom de la qualité de son territoire, couvert en grande partie par des terres sablonneuses, stériles, où les bruyères seules peuvent croître ; les côtes ne présentent que des pins, dont une grande forêt traverse tout le pays. Chef-lieu : *Mont-de-Marsan*, à 70 myriam. 1/4 de Paris (180 lieues). Pop. 4,000 hab.

Sous-préfectures. — *Dax*, ancienne capitale des Landes ; cette ville a des sources d'eaux minérales et bouillantes ; près de là naquit saint Vincent de Paul. — *Saint-Sever.*

Département pauvre et stérile, mal peuplé ; il fait un peu de commerce en résine, provenant des pins qui y abondent, et en liége ; quelques endroits produisent du vin et même du blé.

8° Le département du *Gers*, borné par ceux de Lot-et-Garonne, Tarn-et-Garonne, Haute-Garonne, Hautes-Pyrénées, Basses-Pyrénées, des Landes. Chef-lieu : *Auch*, à 74 myriam. (190 lieues) de Paris, sur le Gers. Pop. 9,000 hab.

Sous-préfectures. — *Condom.* — *Mirande.* — *Lectoure*, patrie du maréchal Lannes. Cette ville a soutenu plusieurs siéges. — *Lombez*, autrefois le siége des états de Comminges.

Les eaux-de-vie, les porcs et les mulets de ce pays sont l'objet d'un commerce étendu. Pop. 280,000 hab.

9° Le département des *Hautes-Pyrénées*, borné par ceux des Basses-Pyrénées, du Gers, de la Haute-Garonne, et par les monts Pyrénées. Chef-lieu : *Tarbes*, ancienne capitale du Bigorre, à 81 myriam. 1/2 de Paris (208 lieues). Pop. 8,000 hab.

Sous-préfectures. — *Bagnères-de-Bigorre*, fréquentée pour ses eaux minérales. — *Argélès*, dans la délicieuse vallée de Lavedan.

Ce département est un des plus riches et des plus pittoresques de la France ; on y trouve des mines de fer, de cuivre et de plomb ; il produit du seigle, du millet, du blé d'Espagne ; il possède de beaux pâturages, et nourrit d'excellents chevaux. Il est très fréquenté pour ses eaux minérales.

Béarn (1 dép.) — Le département des *Basses-Pyrénées*, borné par les départements des Landes, du Gers, des Hautes-Pyrénées, par les monts Pyrénées et par la mer. Chef-lieu : *Pau*, à 78 myr. 1/2 de Paris (200 lieues), sur le torrent du Gave. Cette ville a donné naissance à Henri IV, le meilleur des princes ; elle a vu naître Bernadotte, qui après avoir longtemps combattu avec gloire dans les rangs français, règne maintenant en Suède, sous le nom de Charles-Jean.

Sous-préfectures. —*Bayonne*, ville maritime, où fut inventée la baïonnette ; elle fait un grand commerce de chocolat et de jambons estimés.

Sous-préfectures. — *Orthez-sur-le-Pau.*—*Mauléon.* — *Oloron*, ville industrieuse qui fait un grand commerce de laines et de bois de mâture.

On recueille dans ce département du vin, du millet, de l'avoine et des fruits.

Comté de Foix (1 dép.). — Le département de l'*Ariége* doit son nom à l'Ariége qui l'arrose ; il est borné par les départements de la Haute-Garonne, de l'Aude, des Pyrénées-Orientales, et par les Pyrénées. Chef-lieu : *Foix*, à 75 myriam. de Paris (193 lieues). Pop. 4,000 hab.

Sous-préfectures.—*Pamiers*, sur l'Ariége.—*Saint-Girons.*

On trouve dans ce département des mines de fer et d'argent, et des eaux minérales. Pop. 220,000 hab.

Roussillon (1 dép.).—Le département des *Pyrénées-Orientales*, borné par ceux de l'Ariége et de l'Aude, par la mer Méditerranée et par les monts Pyrénées. Chef-lieu : *Perpignan*, ville forte sur le Têt, à 89 myriam. de Paris (227 lieues). Elle a une bergerie royale, et fait un assez grand commerce de vins. Pop. 12,500 habitants.

Sous-préfectures.—*Céret.*—*Prades.*

Ce département n'est riche qu'en pâturages et en vins ; mais il possède de nombreuses manufactures. Pop. 125,000 hab.

Languedoc (8 dép.). — 1° Le département de la *Haute-Loire*, qui doit son nom à la Loire qui y prend sa source ; il est borné par les départements du Puy-de-Dôme, de la Loire, de l'Ardèche, de la Lozère et du Cantal. Chef-lieu : *Le Puy*, à 50 myriam. 1/2 de Paris (129 lieues). Pop. 12,000 hab.

Ancienne capitale du Vélai, environnée de rochers volcaniques ; au-dessus de cette ville, et sur un énorme rocher, est le château qui appartenait à la famille de Polignac, et dont les vastes dimensions, les bâtiments antiques et la situation dominante rappellent les siècles de la féodalité.

Sous-préfectures. — *Brioude.* — *Yssengeaux.*

C'est de ce département que nous viennent ces beaux marrons connus sous le nom de marrons de Lyon; on y élève beaucoup de bestiaux et des mulets estimés; il possède de beaux pâturages, et fournit de bon bois. Pop. 264,000 hab.

2° Le département de l'*Ardèche*, borné par ceux de la Loire, de l'Isère, de la Drôme, du Gard, de la Lozère et de la Haute-Loire. Chef-lieu : *Privas*, à 61 myr. 1/2 de Paris (155 lieues). Pop. 3,000 hab.

Sous-préfectures. — *Tournon.* — *L'Argentière.*

Le sol de ce département est presque entièrement volcanique, il offre un assez grand nombre de curiosités naturelles, et produit des vins estimés. Pop. 285,000 hab.

3° Le département de la *Lozère*, ainsi nommé d'une des plus hautes montagnes qui s'y trouvent, est borné par ceux du Cantal, de la Haute-Loire, de l'Ardèche, du Gard et de l'Aveyron. Chef-lieu, *Mende*, à 45 myriam. 1/2 de Paris (145 lieues). Pop. 6,000 hab. Cette ville fait un grand commerce de serges.

Sous-préfectures. — *Marvéjols.* — *Florac.*

Le sol de ce département est montueux et peu fertile; la température en est froide. Il ne produit que du blé en petite quantité et des châtaignes. Pop. 142,000 hab.

4° Le département du *Gard*, ainsi nommé du Pont-du-Gard, superbe construction romaine, est célèbre aussi par d'autres monuments de la même époque, tels que la Maison-Carrée et les Arènes; il est borné par les départements de l'Ardèche, de Vaucluse, des Bouches-du-Rhône, de l'Hérault et de l'Aveyron. Chef-lieu : *Nîmes*, à 70 myriam. 1/4 de Paris (180 lieues). Cette ville est l'une des plus anciennes des Gaules, dont elle a été longtemps la gloire; patrie de l'empereur Antonin. Pop. 39,000 hab.

Sous-préfectures. — *Alais.* — *Uzès.* — *Le Vigan*, patrie du chevalier d'Assas, célèbre par son courageux dévouement à ses compagnons d'armes.

Villes remarquables. — *Pont-Saint-Esprit*, qui a un pont magnifique sur le Rhône. — *Beaucaire*, où se tient tous les ans une foire célèbre. — *Aigues-Mortes*, autrefois port de mer, où deux fois saint Louis s'embarqua pour la Terre-Sainte, aujourd'hui à deux lieues de la mer.

Les huiles et les vins de ce département sont ses principaux objets de commerce. Pop. 316,000 hab.

5° Le département de l'*Hérault*, qui a pris son nom de la rivière qui le traverse. Il est borné par ceux de l'Aveyron, du Gard, de l'Aude, du Tarn, et par la Méditerranée. Chef-lieu : *Montpellier*, dans la situation la plus salubre. Cette ville a un jardin botanique et une école de médecine. A 75 myriam. 1|4 de Paris (193 lieues). Pop. 33,000 hab.

Sous-préfectures.—*Lodève*, patrie du cardinal-ministre Fleury. — *Saint-Pons*. — *Béziers*, ville charmante et commerçante, qui a la gloire d'avoir produit Riquet, à qui l'on doit le canal du Languedoc, ainsi que Pélisson, historien et orateur distingué.

Les grains, les fruits et les vins font la principale richesse de ce département. Il fait un commerce considérable en bestiaux, laine, soieries, huiles, eaux-de-vie, etc. Pop. 297,000 hab.

6° Le département du *Tarn*, arrosé par le Tarn qui lui donne son nom, est borné par ceux de Tarn-et-Garonne, de l'Aveyron, de l'Hérault, de l'Aude et de la Haute-Garonne. Chef-lieu : *Alby*, sur le Tarn, à 65 myr. 1|2 de Paris. Pop. 10,000 hab. Patrie de l'illustre et infortuné navigateur La Peyrouse.

Sous-préfectures. — *Castres*, qui a des manufactures de draps. *Gaillac*, riche en vins.—*Lavaur*.

Ce département est d'une grande fertilité : il produit en abondance des vins, des grains, du chanvre, du lin, du safran, du pastel ; il fabrique des toiles, des flanelles, etc. On y exploite des mines de plomb, de fer et de houille. Pop. 291,000 hab.

7° Le département de l'*Aude* tire son nom d'une petite rivière qui a sa source dans les monts Pyrénées ; il est borné par les départements du Tarn, de l'Hérault, des Pyrénées-Orientales, de l'Arriége et de la Haute-Garonne. Chef-lieu : *Carcassonne*, à 76 myr. 1|2 de Paris (196 lieues). Cette ville a des fabriques de draps renommés.

Sous-prefectures. — *Castelnaudary*, près du canal des Deux-Mers. — *Limoux*. — *Narbonne*, ville ancienne, renommée pour son miel.

Le grain, le vin et les olives sont les principaux produits de ce département; on y trouve quelques manufactures. Pop. 238,000 habitants.

8° Le département de la *Haute-Garonne*, borné par ceux de Tarn-et-Garonne, Tarn, Aude, Arriége, les Pyrénées, les départements des Hautes-Pyrénées et du Gérs. Chef-lieu : *Toulouse*, sur la Garonne, à l'endroit où se termine le canal du Languedoc. Ce canal est un des plus beaux monuments du règne de Louis XIV, son but est de joindre la Méditerranée à l'Océan. Toulouse est célèbre par l'amour que ses habitants ont toujours montré pour les beaux-arts; c'est le centre du commerce que la France fait avec l'Espagne. L'académie des Jeux floraux, fondée à Toulouse dans le XIVe siècle, est une des plus anciennes de l'Europe.

Sous-préfectures.—Villefranche.—Muret.—Saint-Gaudens.

Ce département est fertile en céréales et en fruits de toute espèce. Il s'y trouve de riches carrières de marbre et des eaux minérales. Pop. 367,000 hab.

DAUPHINÉ (3 dép.). — 1° Le département de l'*Isère*, qui a reçu son nom de la rivière qui le traverse; il est borné par les départements de l'Ain, des Hautes-Alpes, de la Drôme, de l'Ardèche, de la Loire et du Rhône. Chef-lieu : *Grenoble*, à 56 myriam. 3/4 de Paris (145 lieues). Pop. 23,000 hab. C'est la patrie du mécanicien Vaucanson, du poëte Bernard, des abbés Mably et Condillac. Près de Grenoble se trouve la Grande-Chartreuse, où se retira saint Bruno.

Sous-préfectures. — *Vienne*, sur le Rhône, ville très ancienne. — *La Tour-du-Pin.* — *Saint-Marcellin.*

Ce département produit du bois, du fer, du charbon de terre, d'excellents vins, et renferme des mines de plusieurs métaux. Pop. 463,000 hab.

2° Le département de la *Drôme*, ainsi nommé d'un torrent rapide qui l'arrose. Il est borné par les départements de l'Isère, des Hautes-Alpes, des Basses-Alpes, de Vaucluse et de l'Ardèche. Chef-lieu, *Valence*, à 56 myriam. de Paris (144 lieues). Population 8,000 hab. Près de cette ville se trouve le coteau de l'Hermitage, qui produit les vins délicieux connus sous ce nom.

Sous-préfectures. — *Die.* — *Montélimart.* — *Nyons.*

Toutes les céréales viennent bien dans ce département; il y a de bons pâturages, des oliviers, des amandiers, des vignes; il s'y trouve aussi des manufactures de savon. Pop. 335,000 hab.

3° Le département des *Hautes-Alpes*, séparé du Piémont par les Alpes, d'où il prend son nom. Il est borné par ceux de l'Isère, des Basses-Alpes et de la Drôme. Chef-lieu, *Gap*, à 66 myriam. 1/2 de Paris (169 lieues). Cette ville a été incendiée dans la guerre de 1661, ce qui lui a fait perdre beaucoup de son importance; aujourd'hui elle contient à peine 6,000 hab.

Sous-préfectures. — *Briançon*, ville forte qui passe pour imprenable. — *Embrun*, située sur un rocher élevé; on y admire la cathédrale.

Le blé et les autres céréales viennent assez mal dans ce département, mais il produit de beaux bestiaux, et il a de beaux pâturages; on y trouve quelques fabriques et des mines de fer, de cuivre et de plomb. Pop. 122,000 hab.

COMTAT D'AVIGNON (1 dép.).—Le département de *Vaucluse*, qui doit son nom à la célèbre fontaine de Vaucluse qu'il renferme, est situé dans la partie la plus méridionale; ses bornes sont les départements de la Drôme, des Basses-Alpes, des Bouches-du-Rhône et du Gard. Chef-lieu, *Avignon*, sur le Rhône, à 71 myr. de Paris (181 lieues). Pop. 24,000 hab. Avant sa réunion à la France, en 1791, cette ville appartenait au pape : elle fut pendant 62 ans la résidence des papes. C'est la patrie du chevalier Folard.

Sous-préfectures. — *Orange*, où l'on voit un magnifique arc de triomphe. Pop. 7,200 hab. — *Apt.* — *Carpentras.*

Ce département produit de bons vins; on y cultive avec succès les lauriers, les mûriers, les oliviers; il fournit du safran et de la garance. Pop. 203,000 hab.

Ile de CORSE, dans la Méditerranée (1 dép.). — Le département de la *Corse*, chef-lieu, *Ajaccio*. A 87 myriam. 3 kilom. de Paris (274 lieues). Pop. 7,000 hab.

Sous-préfectures. — *Sartène.* — *Bastia.* — *Calvi.* — *Corté.*

L'air dans ce département est malsain et grossier; le sol, hérissé de montagnes, est peu fertile et mal cultivé; cependant il produit du blé, du vin, des fruits et des amandes; on y trouve aussi des mines de fer et de cristal.

EUROPE.

Ainsi que nous l'avons déjà dit, l'Europe se divise en dix-huit états, dont cinq au nord, huit au milieu, cinq au midi.

Les cinq états de l'Europe au nord sont : 1° les îles Britanniques ; 2° le Danemarck ; 3° la Suède avec la Norwège ; 4° la Russie avec la Pologne ; 5° la République Cracovienne.

ILES BRITANNIQUES.

Le royaume des îles Britanniques est formé de la réunion de trois royaumes voisins, et d'un grand nombre de petites îles ; il peut se diviser en cinq parties bien distinctes.

1° L'*Angleterre* proprement dite, bornée au nord par la Twed, qui la sépare de l'Écosse, et à l'ouest par le golfe de Solway ; se subdivise en 40 comtés, et comprend la principauté de Galles, jadis indépendante, et qui forme aujourd'hui 12 comtés.

Villes principales : *Londres*, capitale des îles Britanniques ; pop. 1,270,000 hab. C'est la ville la plus commerçante du monde, et la plus peuplée après Pékin. Elle est traversée par la Tamise, qui offre un beau port, capable de contenir plus de mille vaisseaux. Elle a 3 lieues de longueur sur une et demie de largeur. Les plus beaux monuments sont la cathédrale de Saint-Paul, le plus magnifique temple élevé au culte protestant ; l'église de Westminster, qui renferme les tombeaux des rois, des princes et des grands hommes ; la Tour, vaste monument où l'on renferme les diamants de la couronne ; un grand nombre de *squares*, ou places carrées plantées d'arbres, embellissent et assainissent cette immense cité, dont les rues ont de larges trottoirs. Patrie de Bacon, de Milton et de Pope ; Newton y passa une grande partie de sa vie, ses restes sont déposés à Westminster.

Manchester, qui a le plus beau chemin de fer du monde, célèbre par ses manufactures ; 134,000 hab.

Birmingham, 107,000 hab. — *Liverpool*, à l'embouchure de

la Mersey, ville maritime. — *Bristol.* — *Leeds*, le principal siége de la fabrication des étoffes de laines. — *Oxford.* — *Cambridge*, les deux premières universités de l'Angleterre. — *Douvres*, ville forte vis-à-vis de Calais, dont elle n'est séparée que par un bras de mer de sept lieues, et le passage ordinaire d'Angleterre en France.

2° L'*Écosse*, qui a formé un état indépendant jusqu'au XVIIe siècle, où Jacques VI son roi monta sur le trône d'Angleterre (1603), et réunit les deux royaumes sous le nom de Grande-Bretagne. Ce pays, appelé autrefois Calédonie, est situé au nord de l'Angleterre. Il se divise en 33 comtés, dont les villes principales sont : *Édimbourg*, ancienne capitale; université célèbre; patrie de l'historien Hume. Pop. 138,000 hab. — *Glascow*, sur la Clyde; c'est la ville la plus populeuse et la plus commerçante de l'Écosse. Pop. 147,000 hab.

3° L'*Irlande*, ancienne Hibernie, conquise en 1172 par Henri II, roi d'Angleterre; c'est une île séparée de l'Angleterre par un bras de mer; l'Irlande a formé quatre provinces; elle renferme plus de 9,000,000 d'hab. Les villes les plus remarquables sont : *Dublin*, ancienne capitale, 227,000 hab., la 2e ville des îles Britanniques; archevêché, université. — *Cork*, 2e ville de l'Irlande, 100,000 habitants. — *Limerik*, sur le Shannon. — *Belfast.* — *Waterford.* — *Galloway*. Ces cinq villes ont toutes des ports assez fréquentés.

4° Les îles voisines, dont les plus importantes sont les îles d'*Aurigny*, de *Guernesey*, de *Jersey*, de *Wight.* — Les îles *Sorlingues.* — L'île d'*Anglesey*, qui s'appelait autrefois *Mona*, et fut dans les temps les plus reculés la principale retraite des druides, — Les *Hébrides*, dans l'une desquelles (*Staffa*) se trouve la grotte harmonieuse dite de Fingal, formée de colonnes basaltiques. — Les *Orcades.* — Les *Shetlands*, dont l'île de *Mainland*, la principale de ce groupe, produit de petits chevaux qui sont un objet de luxe et de curiosité en Angleterre.

5° Les colonies, qui présentent une population de plus de 126,000,000 habitants, sont répandues dans toutes les parties du monde, principalement en Asie, où les Anglais possèdent presque tout l'*Indoustan*, l'île de *Ceylan*, plusieurs provinces de l'empire des *Birmans*, *Malacca* et les îles de *Sincapour* : le total de la population de ces diverses possessions s'élève à plus de 124,000,000 hab.

En Amérique, ils possèdent presque toutes les *Petites-Antilles,* la *Jamaïque*, les *Bermudes*, etc., et réunissent encore dans cette partie du monde une population de 1,600,000 hab.

Les îles Britanniques sont brumeuses et assez malsaines; le sol est couvert de montagnes, surtout en Ecosse, et de lacs en Irlande; l'agriculture y est fort avancée; mais les richesses principales des habitants proviennent du commerce qu'ils font avec tous les peuples du monde; leurs étoffes de coton, leurs laines, leurs soieries venues des Indes, leur coutellerie, sont d'une qualité supérieure; ils élèvent des chevaux fort estimés sur le continent. Le territoire ne produit pas de vins, mais l'industrie y a suppléé, et leurs bières jouissent d'une réputation méritée; ils élèvent de beaux bestiaux. La houille et l'étain sont leurs principales richesses minérales; leur marine est la plus considérable du monde, et s'élève à plus de 20,000 bâtiments.

DANEMARK.

Le Danemark, formé de la réunion de l'île de Sceland, de la presqu'île du Jutland, des duchés de Holstein, de Lawembourg, de l'île d'Islande et des îles Feroë, au nombre de 21, renferme une population de 2,000,000 habitants environ, qui pour la plupart suivent la religion réformée; le gouvernement est monarchique héréditaire. Il est borné au N. par le Cattégat et le Skager-Rack; à l'O. par la mer du Nord; au sud par l'Elbe qui le sépare de l'Allemagne, et à l'est par la mer Baltique, le Sund et le Cattégat. Capitale: *Copenhague*, dans l'île de Seeland (mer Baltique). Pop. 111,000 hab. Le commerce de cette ville fait la principale ressource du royaume; elle a une université célèbre, et son port est l'un des plus beaux du Nord.

Villes principales : *Altona*, pop. 24,000 hab. — *Aalborg.* — *Aarhus.*—*Kiel*, ports de mer commerçants.—*Helseneur* ou *Helsingor*, sur le Sund, défendue par la forteresse de Cronembourg; à l'endroit le plus resserré de ce détroit, et où tous les vaisseaux qui entrent dans la Baltique paient un droit au roi de Danemark.

— *Roskild*, autrefois capitale du royaume, et le séjour des rois, aujourd'hui le lieu de leur sépulture.

L'*Islande* est une grande île volcanique de 128 lieues de long sur 75 de large, et couverte de montagnes dont la plus remarquable est l'Hécla, à 1,040 mètres au-dessus du niveau de la mer. Elle renferme à peu près 50,000 hab. *Reikiavick*, capitale de l'île, a 500 hab.

Le nord du Danemarck est un pays plat et stérile, couvert de marais et de bruyères : le Sud-Jutland, les îles de la mer Baltique, et le duché de Holstein, sont fertiles et bien cultivés; ce dernier a d'excellents pâturages qui nourrissent des chevaux estimés et de beaux bœufs. Le Danemark et l'Islande exportent beaucoup d'édredon.

SUÈDE ET NORWÈGE.

La *Norwège* a été réunie en 1814 à la Suède pour composer le royaume de Suède, mais elle n'a pas cessé néanmoins de former un état distinct, et qui a sa constitution particulière; la religion dominante est le luthéranisme. Elle renferme environ un million d'habitants, et est séparée de la Suède par une longue chaîne de montagnes appelées les Dophrines. Capitale: *Christiania*, 20,000 habitants, sur la baie d'Anslo; bon port qui fait un commerce considérable de fer et de bois de construction. — Villes principales : *Bergen*, 20,000 hab. — *Frédérikshall*, avec un port de mer; Charles XII fut tué au siége de cette ville en 1718. — *Drontheim*, où se faisaient sacrer les rois de Norwège.

La *Suède*, réunie à la *Norwège*, forme une population de 4 millions d'habitants; *Stockolm*, capitale de la Suède, est devenue celle du royaume; cette ville est bâtie en amphithéatre sur sept îles, entre le lac Meler et la mer Baltique; elle a un bon port. Pop. 75,000 hab.

Villes principales : *Upsal*, université célèbre. Pop. 5,000 hab. Près de cette ville se trouvent les célèbres mines de Danemora. — *Gotenbourg*, 22,000 hab. Bon port sur le Cattégat; c'est la 2me ville du royaume par sa population, son commerce et son industrie. — *Carlscrone*, 12,000 hab., place forte, le principal port de la marine royale.

Le royaume de Suède, réuni à la Norwège, est borné au nord par l'océan Glacial Arctique; à l'O. par l'océan Atlantique et la mer du Nord, au S. par le Skager-Rack et la Baltique, à l'E. par la Baltique, le golfe de Bothnie et la Russie.

En Norwège le climat est froid; le sol assez fertile le devient d'autant moins qu'on avance plus au nord : il est couvert de montagnes qu'ombragent de hautes forêts de pins et de sapins qui fournissent des mâts à toute l'Europe; on y trouve des mines d'argent, de cuivre, de plomb et surtout de fer. Au sud des îles Loffoden se remarque le gouffre de Malstrom, qui engloutit quelquefois des vaisseaux, et dont le bruit se fait entendre à plusieurs lieues de distance.

Le sol, le commerce et les productions de la Suède sont les mêmes qu'en Norwège. La Laponie, une des provinces de la Suède, est célèbre par la petitesse de la taille de ses habitants; c'est un pays froid, stérile et peu habité; on y trouve le renne, qui fait la principale ressource des habitants, puisqu'ils s'en servent dans leurs voyages pour traîner leurs traîneaux, qu'ils en mangent la chair et se couvrent de sa peau.

RUSSIE D'EUROPE.

L'empire russe se divise en cinq parties, savoir : 1° la partie du nord; 2° la partie du milieu; 3° la partie du sud; 4° le royaume de Pologne; 5° les îles.

1° La partie du nord comprend seize gouvernements, dont les villes principales sont *Saint-Pétersbourg*, capitale de tout l'empire, à l'embouchure de la Néva dans le golfe de Finlande, fondée en 1703 par Pierre-le-Grand, dont on y voit la statue en bronze, ouvrage du sculpteur français Falconet; le piédestal est un rocher de granit du poids de 3 millions de livres. Cette ville est remarquable par la beauté de ses quais et de ses édifices publics, parmi lesquels on doit distinguer le palais impérial et l'église Notre-Dame-de-Kasan. Pop. 422,000 hab.

Arkangel, port sur la mer Blanche, à l'embouchure de la Dwina. Ce port n'est praticable que depuis juillet jusqu'en septembre; il s'y fait un commerce considérable de pelleteries.

— *Cronstadt* (40,000 hab.), dans une petite île du golfe de Finlande ; arsenal de la marine russe, avec trois ports. — *Riga,* sur le golfe du même nom, l'une des villes les plus fortes et les plus importantes de la Russie, capitale de la Livonie; conquise sur les Suédois par Pierre-le-Grand après la bataille de Pultawa.

2° La partie du milieu qui comprend dix-huit gouvernements dont les villes principales sont *Moscou*, sur la Moskova, ancienne capitale de la Russie. Cette ville, prise en 1812 par les Français, a été brûlée par les Russes au moment de l'entrée des assiégeants. Depuis elle a été rebâtie sur un plan plus régulier. C'est à Moscou que se font couronner les empereurs. Parmi ses monuments on remarque le Kremlin, châteaufort qui renferme le palais des anciens czars et la cathédrale. — *Smolensk*, prise par les Français en 1812, après une célèbre victoire. — *Rembourg*, centre du commerce des Tartares avec l'Europe. — *Toula*, qui a une célèbre manufacture d'armes fondée par Pierre-le-Grand. — *Kasan*, près du Volga, est l'ancienne capitale d'un royaume tartare dont les Russes furent longtemps tributaires. Cette ville a une université et un observatoire. Pop. 36,000 hab.

3° La partie du sud, dont les villes principales sont : *Kiew* (20,000 hab.), sur le Dniéper, ancienne capitale de la Russie avant Moscou. — *Pultawa*, célèbre par la victoire que le czar Pierre-le-Grand y remporta sur Charles XII, roi de Suède, en 1709. — *Odessa*, port franc, fondé en 1776, et le plus commerçant de la mer Noire ; exporte beaucoup de blé. Cette ville doit ses embellissements à un Français, le duc de Richelieu. — *Astracan*, ancienne capitale d'un royaume tartare; elle fait un grand commerce de fourrures qui en portent le nom, et tire de la pêche sa principale richesse. — *Taganrok*, petit port de mer où l'empereur Alexandre est mort en 1825.— *Caffa*, près de la mer Noire, dans le gouvernement de Tauride, qui renferme la presqu'île de Crimée, jointe au continent par l'isthme de Pérécop, sur lequel se trouve la ville de ce nom.

4° Le royaume de *Pologne*, qui forme huit voïvodies ou provinces, dont les villes principales sont : *Varsovie*, ancienne capitale de la Pologne. — *Wilna*, ville riche et commerçante, ancienne capitale de la Lithuanie. — *Grodno*, au S.-O. de Wilna, *Mohilow*, sur le Dniéper au S.-E. de Wilna, ville forte et très commerçante, célèbre par la victoire que les Suédois y remportèrent sur les Russes, en 1707.

5° Les îles sont : 1° dans la mer Baltique, *Aland*, groupe vis-à-vis d'Abo, sur la côte S.-O. de la Finlande, et compris dans son gouvernement. Pop. 12,000 hab. — *Dago* et *OEsel*, à l'ouverture du golfe de Riga.

2° Dans la mer glaciale : les îles de *Kalgouef* et la *Nouvelle-Zemble*. Cette dernière n'est point habitée, mais elle sert comme de pied à terre aux Russes et aux Samoïèdes qui vont à la pêche.

La Russie d'Europe est bornée au N. par la mer Glaciale; à l'O. par la Suède, le golfe de Bothnie, la mer Baltique, la Prusse et l'Allemagne; au S. par la mer Noire, la mer Caspienne, le mont Caucase et la Turquie d'Europe; à l'E. par les fleuves Oural et Kara, les monts Ourals qui la séparent de la Russie d'Asie; elle comprend ainsi une étendue de 650 lieues de long sur 350 de large, et offre une superficie dix fois plus considérable que celle de la France, mais dont une grande partie est couverte de forêts; la population s'élève à plus de 52,000,000 d'habitants, qui pour la plupart professent la religion grecque. Le gouvernement est monarchique, absolu, héréditaire même pour les femmes; la nation se divise en seigneurs et en serfs, c'est-à-dire esclaves; la Russie d'Europe, par sa vaste étendue, offre toutes les variétés de climat; à Saint-Pétersbourg, la Néva est gelée tous les ans pendant cinq ou six mois; la température de la Crimée rappelle celle de l'Italie, et les contrées intermédiaires celle de l'Angleterre. Les productions animales et végétales de la Russie varient comme les divers climats; ici on cultive l'orge, le seigle et l'avoine; plus loin, le sol se refuse à toute espèce de culture; le centre donne du lin et du chanvre; le maïs et tous les fruits des climats tempérés viennent très bien dans les provinces méridionales; la Sibérie possède les plus belles mines du monde; les monts Ourals donnent le platine ou or blanc; des mines de cuivre et de fer se trouvent dans toute l'étendue de l'empire; le fer, les bois pour la marine, les blés, les fourrures, le suif et les cuirs qui sont les plus recherchés, forment les principales branches de commerce de la Russie.

RÉPUBLIQUE CRACOVIENNE.

Dernier reste de la nationalité polonaise détruite en 1833 par le czar Nicolas, cette république sert de frontière aux nations voisines qui se sont partagé le reste de la Pologne. *Cracovie*, qui était la capitale de la Pologne avant Varsovie, et où étaient couronnés et ensevelis les anciens rois de ce pays, forme aujourd'hui, avec son territoire, un état indépendant qui a 17 lieues de long sur 5 de large, et environ 100,000 habitants. On voit près de Cracovie un monument élevé à Kosciusko, l'héroïque défenseur de la Pologne.

Les sept contrées de l'Europe au milieu sont : la France, la Belgique, la Hollande, la Suisse, la Prusse, l'Autriche et l'Allemagne avec les petits états qui y sont compris.

FRANCE.

Voyez, page 4, la description de la France.

BELGIQUE.

Ce royaume, autrefois réuni à la Hollande, formait avec elle le royaume des Pays-Bas; mais à la suite de la révolution de 1831, il s'en est séparé, et forme aujourd'hui un royaume dont le gouvernement est monarchique constitutionnel ou représentatif.

La *Belgique* se divise en huit provinces, savoir:

1° La *Flandre occidentale:* cap., *Bruges*, 45,000 hab., à 3 lieues de la mer qui y communique par un beau canal; ville commerçante; on y remarque la cathédrale, qui renferme les mausolées de Charles-le-Téméraire et de Marie sa fille. — Villes principales *Ostende*, ville forte et maritime, renommée par ses huîtres; elle soutint en 1601, contre les Espagnols, un siége qui dura 3 ans; pop. 11,000 hab. — *Nieuport*. — *Ypres*. — *Courtray*.

2° La *Flandre orientale :* cap., *Gand*, 61,000 hab.; au confluent de la *Lys* et de l'*Escaut;* ville très commerçante, traversée par des canaux qui la coupent en 26 îles réunies par une quantité de ponts. Patrie de l'empereur Charles-Quint. — Ville principale, *Audenarde*.

3° La province d'*Anvers :* cap., *Anvers*, 62,000 hab. grande et belle ville qui a un vaste port sur l'Escaut, un chantier pour la construction des vaisseaux, et qui fait un grand commerce maritime. Patrie du célèbre peintre Van-Dyck. — Ville principale, *Malines* dont les dentelles qui portent ce nom sont fort estimées; cette ville possède un archevêché ; on y remarque la cathédrale dont la tour a 348 pieds.

4° Le *Brabant méridional :* cap., *Bruxelles*, qui est aussi la capitale de tout le royaume ; cette ville, située sur un canal qui communique avec l'Escaut, est remarquable par ses beaux édifices et possède une promenade magnifique nommée le Parc. Elle est industrieuse et commerçante. A 3 lieues S.-E. de Bruxelles se trouve le village de *Waterloo*, tristement célèbre par la défaite de Napoléon en 1815 par les puissances alliées. On y fabrique des dentelles fort estimées. Patrie du général de Tilly ; pop. 100,000 hab. — Ville principale, *Louvain*, qui fait un grand commerce de ses bières; cette ville a une université. Pop. 25,000 hab.

5° Le *Hainaut :* cap., *Mons* (18,000 hab.). A une lieue de cette ville est le village de *Jemmapes* où les Français remportèrent en 1792 une célèbre victoire. La principale richesse de cette ville consiste dans l'exploitation des mines de houille qui sont aux environs. — Ville principale, *Tournay* (21,000 hab.), place forte sur l'Escaut. Près de cette ville se trouve le village de *Fontenoy*, où Louis XV vainquit les Anglais et les Hollandais à la bataille de *Fontenoy*.

6° Le *Limbourg :* cap., *Maëstricht* (15,000 hab.), place très forte sur la Meuse. La citadelle est bâtie sur la montagne de Saint-Pierre, qui est percée d'immenses carrières, dans lesquelles on trouve des pétrifications remarquables.

7° Le pays de *Liége :* cap. *Liége* (45,000 hab.), sur la Meuse, ville forte et très commerçante qui fut prise et saccagée en 1468 par Charles-le-Téméraire, en présence de Louis XI son prisonnier, qu'il contraignit à le suivre à ce siége ; on y remarque des fabriques d'armes et une fonderie de canons. A 6 lieues S.-E. de Liége se trouve la ville de *Spa*, célèbre par ses eaux minérales.

8° La province de *Namur :* cap., *Namur* (15,000 hab.), au confluent de la Sambre et de la Meuse. A 4 lieues O. de cette ville se trouve le bourg de *Fleurus*, célèbre par trois batailles gagnées par les Français : la 1er en 1690 sur les Allemands par le maréchal de Luxembourg ; la 2e en 1794, sur les puissances alliées par le général Jourdan ; la 3e en 1815, sur les Prussiens.

La Belgique est bornée au N. par la Hollande ; à l' O. par la mer du Nord ; au S. par la France ; à l' E. par le grand-duché du Bas-Rhin.

Le sol en est généralement fertile, il donne des productions variées ; on y rencontre des mines de houille en grand nombre, de fer, de cuivre, d'ardoise; la température y est douce et modérée. Le total de la population s'élève à près de 3,000,000 hab. qui suivent presque tous la religion catholique. Leur industrie est devenue célèbre ; leurs toiles, leurs dentelles, leurs soieries et leurs draps sont les principales branches de leur commerce.

HOLLANDE.

La Hollande comprend neuf provinces qui sont : 1° la *Hollande* proprement dite; capitale, *La Haye* (43,000 hab.). C'est la plus jolie ville du royaume; elle a vu naître Huygens; on la regarde comme un bourg parce qu'elle n'a ni fossés ni murailles ; cette ville est la résidence habituelle des rois.—Villes principales : *Amsterdam.* — *Harlem.* — *Leyde.* — *Rotterdam.* —*Dordrecht.*

2° La *Frise :* capitale, *Lewarden*, grande, belle, riche et forte ville. Résidence du stathouder de la province ; elle est partagée en deux par divers canaux qui facilitent son commerce et la circulation.

3° Le territoire de *Groningue :* capitale, *Groningue* (27,000 h.), ville forte et commerçante avec une célèbre université.

4° La province de *Drenthe :* capitale, *Assen.*

5° L'*Over-Yssel :* capitale, *Zwol.*

6° La province de *Gueldre :* capitale, *Arnheim.* — Ville principale : *Nimègue*, sur le Vahal, branche du Rhin; célèbre par le traité que Louis XIV y conclut en 1678 avec les principales puissances de l'Europe.

7° Le territoire d'*Utrecht :* capitale, *Utrecht* (25,000 hab.), qui a des fabriques de velours. Cette ville est célèbre par l'union qu'y formèrent en 1579 les sept provinces du Nord pour assurer leur indépendance, et par le traité de paix qui y fut signé en 1773 entre la Hollande, la France et l'Angleterre.

8° Le *Brabant septentrional :* capitale, *Bois-le-Duc.* — Villes principales : *Bréda.* — *Berg-op-Zoom.*

9° La *Zélande :* capitale, *Middelbourg.* — Ville principale : *Flessingue.*

Le grand-duché de *Luxembourg* est compris dans ce royaume; capitale, *Luxembourg*, sur l'Alzette ; c'est une des plus fortes places de l'Europe ; elle est occupée par les troupes de la Confédération germanique. Elle fut prise deux fois par les Français, en 1684 et en 1795.

Le sol de la Hollande n'était autrefois que des marais et de vastes lacs ; l'industrie a desséché ces lacs et ces marais; et aujourd'hui on trouve à leur place de grandes et belles villes, des prairies riantes, des jardins magnifiques. Le sol étant, en plusieurs endroits, au-dessous du niveau de la mer, le pays serait souvent exposé à être englouti, si les habitants n'avaient pris soin d'opposer aux flots des digues immenses, qui, pour la plupart, sont des ouvrages dignes d'admiration. Les Hollandais ont tiré les plus grands avantages d'un sol naturellement ingrat ; ils en tirent de la tourbe et du fer, et lui font produire de la garance, des fleurs, du tabac, des fruits, etc. La pêche du hareng qui se fait sur les côtes du Zuyderzée, est une des principales richesses du pays ; tout le monde connaît la supériorité de leurs toiles, de leurs faïences et de leurs papiers ; leur eau-de-vie est également estimée. Leur marine, qui a été longtemps une des premières de l'Europe, leur a valu de vastes possessions sur le continent américain et dans les Indes, où ils comptent encore aujourd'hui plus de 10,000,000 d'habitants. La population s'élève environ à 2,500,000 habitants sur le continent européen. La monarchie est constitutionnelle représentative, et la religion dominante est le calvinisme.

La Hollande est bornée au nord et à l'ouest, par la mer du Nord; au sud, par la Belgique, et à l'est, par le grand-duché du Bas-Rhin et le royaume de Hanovre.

SUISSE.

La Suisse (ancienne Helvétie) forme une confédération dite Helvétique, qui réunit dans un but de protection mutuelle et d'indépendance vingt-deux cantons qui ont conservé chacun la liberté de leur administration intérieure. Toutes les affaires qui touchent à l'intérêt général sont traitées dans une assemblée générale qui a lieu tous les ans dans un des six cantons en jouissance d'être tour à tour canton-directeur. Le chef de l'Etat porte le nom de landamman. Des vingt-deux cantons, six sont au nord; quatre à l'est; deux au sud; cinq à l'ouest; et cinq au milieu.

Les six cantons au nord sont: 1° *Bâle:* chef-lieu, *Bâle* (16,000 h.) sur le Rhin qui la divise en deux parties; c'est la ville la plus commerçante de la Suisse.

2° *Soleure:* chef-lieu, *Soleure*, au sud-ouest de Bâle.

3° *Argovie:* chef-lieu, *Arau.*

4° *Turgovie:* chef-lieu, *Frauenfeld.*

5° *Schaffouse:* chef-lieu, *Schaffouse*, au nord-est de Bâle, sur la rive droite du Rhin, au-dessus de la fameuse cataracte où le fleuve, large de trois cents pieds, se précipite de 80 pieds de haut.

6° *Zurich:* chef-lieu, *Zurich*, près du lac de ce nom, au nord-est de Soleure, dans une belle position; cette ville est fameuse par la victoire que les Français, commandés par Masséna, y remportèrent en 1799, à la suite de laquelle les Autrichiens et les Russes furent forcés d'évacuer la Suisse. C'est la première ville qui se sépara de l'église romaine et embrassa la réforme de Zwingle. Patrie de Lavater et du poëte Gessner.

Les quatre à l'est sont: 1° *Saint-Gall:* chef-lieu, *Saint-Gall.*

2° *Appenzel:* chef-lieu, *Appenzell.*

3° *Glaris:* chef-lieu, *Glaris.*

4° Les *Grisons:* chef-lieu, *Coire*, qui a, avec Saint-Gall, un évêque commun résidant tantôt à Coire, tantôt à Saint-Gall.

Les deux au sud sont: 1° le *Tésin:* chef-lieu, *Bellinzona.*

2° Le *Valais:* chef-lieu, *Sion*, sur le Rhône. Dans ce canton se trouvent deux passages, celui du grand Saint-Bernard que l'armée française, commandée par le consul Bonaparte, a franchi avec toute son artillerie l'an 1800 ; au point le plus élevé se trouve l'hospice du Mont-Saint-Bernard, célèbre par les secours qu'y trouvent tous les voyageurs ; et le passage du Simplon, où les Français ont ouvert une route superbe en 1801. Dans ce canton on trouve beaucoup de crétins, êtres difformes et stupides qui sont à la fois sourds et muets.

Les cinq à l'ouest sont : 1° *Berne ;* chef-lieu, *Berne*, prise par les Français en 1798. Ce canton est couvert presqu'en totalité par d'immenses glaciers nommés mer de glace. On y trouve la belle chute d'eau du Staubbach, qui tombe de 808 pieds de haut.

2° *Neuf-Châtel ;* chef-lieu, *Neuf-Châtel*, sur le lac de ce nom. Cette ville a des fabriques d'horlogerie. Ce canton reconnaît la souveraineté du roi de Prusse.

3° *Fribourg ;* chef-lieu, *Fribourg*. Près de cette ville on voit un ermitage fort élevé et taillé dans le roc par un homme et son valet dans l'espace de 25 ans. Ce canton renferme la petite ville de *Morat* sur le lac de ce nom, où Charles-le-Téméraire fut vaincu en 1476 par les Suisses qui firent une telle boucherie de ses troupes qu'ils élevèrent deux pyramides avec leurs os. Cet ossuaire fut détruit en 1798 par les Français, et remplacé en 1822 par une colonne.

4° *Vaud;* chef-lieu, *Lausanne*, où les étrangers se rendent en foule attirés par les beautés des rives du lac de Genève.

5° *Genève;* chef-lieu, *Genève*, sur le lac du même nom, capitale de l'ancienne république. Elle renferme un beau musée d'histoire naturelle et fait un grand commerce d'horlogerie. Patrie de Jean-Jacques Rousseau et de madame de Staël.

Les cinq au milieu sont : 1° *Zug;* chef-lieu, *Zug*. Près de cette ville est le mont *Morgaten* où 14,000 Suisses vainquirent en 1315 une armée de 20,000 Autrichiens.

2° *Lucerne;* chef-lieu, *Lucerne*, sur le lac du même nom. Dans ce canton est le mont Saint-Gothard, grand passage pour descendre en Italie.

3° *Schwitz ;* chef-lieu, *Schwitz*.

5° *Uri;* chef-lieu, *Altorf*, où naquit Guillaume Tell, le libérateur de sa patrie. *Altorf* est remarquable par deux fontaines qui marquent la place de Guillaume Tell et celle de son fils, lorsque ce malheureux père se vit, par la cruauté de Gessler, forcé d'abattre avec une flèche une pomme placée sur la tête de l'enfant.

5° *Underwald;* chef-lieu, *Stanz.*

La population de la Suisse s'élève à près de deux millions d'habitants, nombre supérieur à ce que peut nourrir le pays, qui est généralement pauvre et offre peu de ressources; cette indigence force les naturels à s'expatrier en vendant leurs services aux puissances étrangères. La religion protestante y domine; le commerce se fait principalement en horlogerie et en mousseline. C'est le pays du monde le plus pittoresque et dont les aspects sont le plus variés par des collines, des montagnes, des cascades, des vallées, des lacs, des fleuves qui le sillonnent en tous sens. Les céréales y viennent avec peine; mais comme on y trouve de superbes pâturages, les troupeaux y sont magnifiques.

La Suisse est bornée au nord et à l'est par l'Allemagne, à l'ouest par la France dont elle est séparée par les monts Jura, et au sud par les états du roi de Sardaigne et le royaume Lombard-Vénitien.

PRUSSE.

La Prusse se divise en deux parties principales : 1° les provinces comprises dans la Confédération germanique;

2° Les provinces non comprises.

Les provinces comprises dans la Confédération germanique sont au nombre de sept, savoir : 1° le *Brandebourg;* capitale, *Berlin* (193,000 hab.), sur la Sprée; c'est une des plus belles villes de l'Europe : on y remarque le château royal, la statue de Frédéric-Guillaume-le-Grand; on y fabrique des porcelaines estimées. — Villes principales, *Potsdam*, le Versailles de Berlin (23,000 hab.), le château de Sans-Souci.—*Custrin.*—*Francfort-sur-l'Oder*, place forte commerçante (16,000 hab.).

2° La *Poméranie;* capitale, *Stettin*, sur l'Oder (26,000 hab.), ville forte. — Ville principale, *Stralsund*, sur la Baltique, avec un bon port (pop. 16,000 hab.).

3° La *Saxe;* capitale, *Magdebourg*, sur l'Elbe (37,000 hab.).

4° La *Silésie;* capitale, *Breslau* (78,000 hab.), ville commerçante; on y trouve de belles manufactures.

5º La *Westphalie;* capitale, *Munster* (18,000 hab.), célèbre par le traité de paix qui s'y conclut en 1648, qui établit l'équilibre entre les diverses puissances de l'Europe.

6º Le duché de *Clèves* et de *Berg;* capitale, *Cologne*, sur le Rhin (56,000 hab.), où l'on fabrique l'eau spiritueuse de ce nom. Cette ville fait un grand commerce de vin du Rhin. L'architecture de sa cathédrale est fort admirée. Patrie de Rubens.—Villes principales, *Clèves*, — *Wesel*, —*Dusseldorf*, ancienne capitale de la province de Juliers. — *Bonn.*

7º Le duché du *Bas-Rhin;* capitale, *Coblentz* (15,000 hab.), ville forte au confluent de la Moselle et du Rhin.—Ville principale, *Aix-la-Chapelle* (33,000 hab.), qui a des bains d'eaux minérales assez fréquentés : Charlemagne et plusieurs autres empereurs la choisirent pour résidence. La France et l'Espagne y conclurent un célèbre traité de paix en 1668. —*Trèves*, la ville la plus ancienne de l'Allemagne.

Les provinces non comprises dans la Confédération germanique sont au nombre de trois, savoir : 1º La *Prusse orientale;* capitale, *Kœnigsberg* (64,000 hab.), sur la Prégel, près d'une baie de la Baltique ; patrie du philosophe Kant.

2º La *Prusse occidentale*, prise dans le démembrement de la Pologne ; capitale, *Dantzig*, sur la Vistule (53,000 hab.), à une lieue de la Baltique. C'est une des villes les plus importantes par sa position, sa force, le nombre de ses habitants et son commerce ; on y fabrique des eaux-de-vie renommées.

3º Le grand-duché de *Posen*, pris dans le dernier démembrement de la Pologne. Capit. *Posen*, qui fut prise par Charles XII en 1703, et par les Français en 1806.

La population de la Prusse s'élève à 11,000,000 d'habitants. Le luthéranisme y est la religion dominante; le gouvernement est une monarchie pure. A quelques exceptions près, la Prusse est un pays plat ; le sol, sans y être très fertile, suffit à la subsistance de sa nombreuse population ; on y élève de beaux et nombreux troupeaux ; quelques cantons du grand-duché du Bas-Rhin produisent des vins estimés ; on y fabrique avec succès les ouvrages de fer, les toiles, les étoffes de laine ; il y a quelques mines fécondes de fer et d'autres minéraux dans les montagnes du Harz, dans la Westphalie et le Bas-Rhin.

La Prusse se divise en deux parties : l'une, au nord, est bornée au nord par la Baltique et le Mecklembourg ; à l'ouest par le Hanovre et la Hesse ; au sud par la Saxe, l'Autriche, la Pologne et la Russie ; à l'est par la Russie. La deuxième partie, nommée Prusse rhénane ou grand duché du Bas-Rhin, est séparée de l'autre partie, à l'est, par le Hanovre et la Hesse, au nord par le Hanovre, à l'ouest par les Pays-Bas, au sud par la France et d'autres petits états allemands.

AUTRICHE.

L'empire d'Autriche se divise en treize provinces, dont six font partie de la Confédération germanique, savoir : 1° l'archiduché d'*Autriche* ; capitale, *Vienne* (300,000 hab.), sur le Danube, capitale de l'empire. On y remarque la tour de Saint-Etienne, haute de 425 pieds. Prise par les Français en 1805 et 1809 ; elle avait été inutilement assiégée par les Turcs en 1529 et 1683. C'est dans cette ville que s'est tenu en 1814 et 1815 le congrès qui a fixé les limites des puissances actuelles de l'Europe.— Villes principales : *Lintz* et *Salzbourg*.

2° La *Styrie*. Cap. *Gratz*, ville commerçante où se tiennent deux foires célèbres.

3° L'*Illyrie*. Cap. *Leybach* (11,000 hab.), près de la Save ; il s'y tint en 1820 un congrès à la suite duquel les royaumes de Naples et de Sardaigne furent occupés par les troupes autrichiennes.

4° Le *Tyrol*. Cap. *Inspruck*, ville très commerçante ; dans les environs se trouvent des mines de cuivre et d'argent.

5° Le royaume de *Bohême*. Cap. *Prague* (95,000 hab.), sur le Moldau, ville forte, qui possède une école polytechnique. Les Français y soutinrent un siége fameux en 1742. Patrie de Jean Huss et de Jérôme de Prague.

6° La *Moravie*. Cap. *Brünn*, qui a de belles fabriques de draps. Dans cette province se trouve le village d'Austerlitz, célèbre par la victoire que Napoléon y remporta en 1805 sur les Russes et les Autrichiens.

Les sept autres provinces de l'Autriche qui ne font pas partie de la Confédération germanique, sont : 1° la *Gallicie*. Cap. *Lem-*

berg, au centre du royaume; ville forte et commerçante; elle fut prise d'assaut par Charles XII en 1704.

2° Le royaume de *Hongrie*. Cap. *Bude*, sur le Danube, au centre du royaume; cette ville fut prise plusieurs fois par les Turcs qui en sont restés les maîtres de 1529 jusqu'en 1686. (Pop. 28,000 hab.) Elle communique par un pont de bateaux avec *Pesth*, située sur la rive gauche du Danube. — Villes principales : *Presbourg* (pop. 22,000 hab.) — *Debrecsin* (41,000 hab.) — *Carlstadt*.

3° La *Sclavonie*, capitale *Eszek*. Ville principale, *Peterswardein*, où le prince Eugène remporta une grande victoire sur les Turcs en 1746.

4° La *Croatie*; capitale *Agram*, près de la Saxe.

5° La *Transylvanie*, capitale *Hermanstadt*. Ville principale : *Kronstadt*, la ville la plus importante de la Transylvanie par sa population, sa richesse et son industrie.

6° La *Dalmatie*, capitale *Zara* qui a des fabriques renommées de marasquin. — Villes principales : *Sebenito*, la plus belle ville de la province. — *Spalatro* qui renferme les ruines d'un beau palais de Dioclétien. — *Raguse*, autrefois capitale d'une petite république du même nom.

7° Le royaume *Lombard-Vénitien*; capitale *Milan*. Cette dernière province étant en Italie, nous en reparlerons quand nous serons à cette contrée.

La population de l'Autriche s'élève à 32 millions d'habitants qui se partagent en quatre peuples distincts : les Allemands, les Slaves, les Hongrois et les Italiens. La religion catholique y domine.

Les productions qui rapportent le plus à l'Autriche sont les bois venant de la forêt Noire, ainsi que le kirschwasser qui s'y fabrique; elle récolte aussi des vins très estimés; ceux du coteau de Tokai en Hongrie sont fort recherchés; elle possède des eaux minérales très fréquentées; les montagnes de la Hongrie sont riches en pierres précieuses, telles que topazes, agates, améthystes, cristaux de roche, etc.

L'Autriche est bornée au nord par la Russie, la Pologne, la Prusse et la Bavière; à l'ouest par la Suisse et le Piémont; au sud par les duchés de Parme, de Modène, les états du Pape, la mer Adriatique et la Turquie d'Europe qui la borne aussi à l'est.

ALLEMAGNE

OU

CONFÉDÉRATION GERMANIQUE.

On donne le nom de Confédération germanique à la réunion de tous les petits états de l'Allemagne qui, trop faibles pour conserver leur indépendance si elle venait à être attaquée, ont fait ensemble une ligue offensive et défensive sous la protection de l'Autriche, dont le représentant est de droit le président de la diète ou assemblée délibérative, qui se tient en permanence à Francfort-sur-le-Mein, ville libre du grand-duché de Hesse-Darmstadt; là, chaque état, suivant son importance, est représenté par un ou plusieurs députés. Pour les affaires ordinaires, la diète ne compte que 17 membres; et pour celles qui touchent les lois fondamentales, elle en compte 69.

Les états confédérés sont au nombre de 39.

Parmi eux cinq ou six seulement réunissent une population au-dessus d'un million d'habitants, les autres comptent depuis 4 ou 500 mille jusqu'à 12 ou 14 mille habitants, et même descendent, comme le duché de Lichstentein, jusqu'à 5,000. L'espace nous obligera de passer tous ces petits états sous silence, pour nous occuper seulement de ceux qui ont une importance réelle; parmi ceux-ci nous comptons l'Autriche pour un tiers à peu près de son territoire, la Prusse pour moitié. Pour ces deux états, nous renvoyons à ce que nous en avons dit plus haut. Parmi les autres nous distinguerons :

La *Bavière*, avec une population de près de 4 millions d'habitants. Villes principales : *Munich*, sur l'Isar (60,000 hab.), l'une des plus belles villes de l'Allemagne; le palais du roi y est magnifique; l'université de Landshut y a été transférée. — *Hohenlinden*, célèbre par la victoire que le général Moreau y remporta en 1800 sur les Autrichiens. — *Nuremberg* (27,000 hab.). C'est dans cette ville que Pierre Hell inventa les montres au commencement du XVIe siècle; on les appelait alors œufs de Nuremberg. Cette ville fabrique beaucoup de quincaillerie et de jouets d'enfants. —*Augsbourg*, sur le Lech (30,000 hab.), possède un très bel hôtel-de-ville. — *Ratisbonne*, sur le Danube (19,000 hab.). — *Nordlingen*, où le prince de Condé remporta en 1645 une célèbre victoire sur le général Mercy. — *Spire*, célèbre par la diète qui s'y tint en 1529, et contre l'édit de laquelle les réformés protestèrent, d'où leur est venu le nom de *protestants*. — *Deux-Ponts*, autrefois capitale du duché de ce nom.

Le royaume de *Saxe*, avec 1,200,000 habitants. — Cap., *Dresde*, sur l'Elbe (60,000 hab.). C'est la ville où l'on parle l'allemand le plus correct. A trois lieues se trouve le château de Pilnitz, maison de plaisance, sur les bords de l'Elbe, où les rois coalisés contre la France tinrent leur premier congrès en 1791. — *Leipsick* (34,000 hab.). Cette ville fait un grand commerce de librairie ; elle a une université célèbre. C'est près de cette ville que les Français perdirent en 1813 la fameuse bataille du même nom ; elle a vu naître Leibnitz, philosophe, poëte et mathématicien célèbre. — *Chemnitz* (14,000 hab.), qui a vu naître l'économiste Puffendorf. — *Bautzen*, où les Français remportèrent une belle victoire en 1813 (12,000 hab.).—*Freiberg* (9,000 hab.), qui a de belles mines d'argent.

Le royaume de *Hanovre*, qui a pour souverain le roi d'Angleterre, compte 1,300,000 habitants. — Cap. *Hanovre*, sur la Leine, qui se jette dans le Weser. Patrie d'Herschell, musicien distingué et astronome célèbre (25,000 hab.). — *Gœttingue*, avec une célèbre université. — *Osnabruck*, où fut signé le traité de Westphalie qui mit fin à la guerre de trente ans. — *Klausthal*, qui a des mines d'argent et de plomb.

Le royaume de *Wurtemberg*, avec une population de 1,500,000 habitants. — Cap. *Stuttgard*, près du Necker (28,000 hab.), résidence du roi, alternativement avec *Louisbourg*, jolie petite ville moderne où se voit une fonderie de canons. — *Ulm* (12,000 hab.), où l'armée française en 1805 fit prisonnière par capitulation une armée allemande forte de 36,000 hommes.

Le grand-duché de *Bade*, avec 1,000,000 d'habitants. — Cap. *Carlsruhe*, ville moderne et régulièrement bâtie ; c'est la résidence du grand-duc. — Villes principales : *Manheim*, au confluent du

Necker et du Rhin; elle fabrique des ouvrages en similor ou or de Manheim. —*Heidelberg*, renommée par son université, la plus célèbre de l'Allemagne; on y voit la bibliothèque Palatine, célèbre collection d'imprimés rares et de manuscrits précieux. — *Baden*, qui a des eaux minérales renommées. — *Rastadt*, où se tint l'inutile congrès de 1799 entre la France et l'Allemagne. — *Constance*, où se tint le concile de ce nom en 1414.

Les principales villes des autres états sont : *Hambourg*, l'une des quatre villes libres de la Ligue Anséatique (pop. 148,000 hab.). Elle a pour port *Cuxaven*, à l'embouchure de l'Elbe. Ses raffineries de sucre sont renommées. — *Brême*, autre ville anséatique, sur le Weser (38,000 hab.). — *Lubeck*, ville anséatique (25,000 hab.), à 5 lieues de la mer Baltique. — *Brunswick*, capitale du duché de ce nom (30,000 hab.). Le sculpteur Jungeus y inventa le rouet à filer. — *Rostock*, dans le duché de *Mecklembourg-Schwérin* (12,000 hab.). —*Cassel*, capitale du duché de *Hesse-Cassel*, sur la Fulde (26,000 hab.). — *Mayence*, dans le duché de *Hesse-Darmstadt* (25,000 hab.), au confluent du Mein et du Rhin; c'est la place la plus forte de la Confédération; elle fait un grand commerce de vins et de jambons; elle a vu naître Jean Guttemberg, à qui l'on attribue l'invention de l'imprimerie.

Les cinq grands états au midi de l'Europe sont : l'Espagne, le Portugal, l'Italie, la Turquie d'Europe, la Grèce, avec la république des Iles Ioniennes.

ESPAGNE.

On divise l'Espagne en quatorze provinces, dont quatre sont au nord, savoir : 1° la *Galice;* capitale, *Santiago de Compostelle* (21,000 hab.); la cathédrale de cette ville renferme les reliques de l'apôtre saint Jacques, patron de l'Espagne, et attire de nombreux pélerins. Villes principales: *Le Ferrol* (15,000 hab.), port de guerre et arsenal de marine. —*La Corogne*, port sur l'Océan (11,000 h.).

2° Les *Asturies;* capitale, *Oviedo.*

3° Les *provinces basques;* capitale, *Bilbao*, entrepôt des laines d'Espagne pour l'étranger.

4° La *Navarre;* capitale, *Pampelune* (14,000 hab.), bâtie, dit-on, par Pompée. Non loin de cette ville se trouve la vallée de Roncevaux, où fut tué le preux Roland, neveu de Charlemagne.

Les quatre provinces au milieu sont : 1° le royaume de *Léon;* capitale, *Léon*, dont la cathédrale renferme les tombeaux de trente-sept rois. Ville principale, *Salamanque*, dont l'université est la première de l'Espagne.

2° La *Castille-Vieille;* capitale, *Burgos* (10,000 hab.), patrie du Cid. Les Français y remportèrent une célèbre victoire en 1808. Ville principale : *Santander*, port très commerçant.

3° La *Nouvelle-Castille;* capitale, *Madrid*, capitale de tout le royaume, sur le Mançanarès (200,000 hab.). Cette ville a de beaux monuments ; elle fut bombardée et prise par les Français en 1808. Ville principale : *Tolède*, dont l'archevêque prend le titre de primat d'Espagne ; cette ville, située sur le Tage, compte 25,000 hab., elle fut la capitale de l'Espagne jusqu'à Philippe II.

4° L'*Estramadure;* capitale, *Badajoz*, sur la Guadiana que l'on passe sur un pont de vingt-huit arches et de 300 mètres de long sur 67 de large, ouvrage des Romains. Les Portugais y furent défaits en 1666 par don Juan d'Autriche. Ville principale : *Alcantara*, chef-lieu de l'ordre des chevaliers de ce nom ; on y voit un pont magnifique construit par Trajan.

Les deux au midi sont : 1° l'*Andalousie*. Villes principales : *Séville*, sur le Guadalquivir (80,000 hab.), patrie de Las-Casas et de Michel Cervantès. — *Cadix* (70,000 hab.), ville très forte, jointe par une chaussée à la pointe de l'île de Léon. Prise par les Français en 1823. C'est la ville la plus commerçante de l'Espagne, elle a un bon port. — *Cordoue* (26,000 hab.), sur le Guadalquivir, où l'on remarque un beau pont en marbre ; elle a été longtemps le siége du califat des Maures en Occident ; c'était alors la ville la plus magnifique de l'Espagne ; elle a vu naître les deux Sénèque, Lucain et Gonzalve de Cordoue. — *Jaën*, ancienne capitale d'un royaume. — *Grenade* (60,000 hab.), dernière ville que les Maures aient possédée en Espagne ; on y remarque l'Alhambra, magnifique palais des rois maures. — *Malaga* (20,000 hab.). Ses vignes fournissent le vin si estimé de Malaga et les meilleurs raisins dits de Corinthe. — *Xerès* et *Rota*, renommées par leurs vins. — On remarque, dans cette province, le fort de *Gibraltar*, dont les Anglais se sont emparés par surprise en 1692. C'est un rocher qui domine la mer de plus de 466 mètres.

Cette province est d'une telle fertilité qu'elle a été appelée la cave, l'écurie et le grenier de l'Espagne.

2° Le royaume de *Murcie;* capitale, *Murcie*, qui fut conquise en 1265 sur les Maures par Ferdinand, roi de Castille La cathédrale de cette ville a un clocher d'une pente si douce qu'on peut monter à cheval jusqu'au faîte.— Ville principale : *Carthagène*, fondée par les Carthaginois; c'est un des principaux ports de l'Espagne (22,000 hab.).

Les quatre provinces à l'est sont : 1° l'*Aragon;* capitale, *Saragosse* (55,000 hab.), sur l'Èbre; célèbre par la belle défense qu'elle opposa à l'invasion des Français en 1809.

2° La *Catalogne;* capitale, *Barcelonne* (150,000 hab.), sur la Méditerranée; c'est la place la plus forte de l'Espagne et l'un des plus beaux ports de l'Europe. Elle fut ravagée en 1821 par la fièvre jaune, et donna lieu aux médecins français de déployer un courage et un dévouement admirables.—Ville principale : *Tarragone*, où l'on voit un superbe aqueduc et une belle cathédrale. Cette ville possède un port sur la Méditerranée; elle fut, du temps des Romains, la capitale d'une grande partie de l'Espagne.

3° Le royaume de *Valence;* capitale, *Valence* (80,000 hab). La ville de Grado lui sert de port.—Villes principales : *Murviedro:* c'est l'ancienne ville de *Sagonte*, détruite en partie par Annibal. On y admire de beaux restes d'antiquités romaines.—*Alicante*, qui produit les vins célèbres de ce nom.

4° Les îles *Baléares*, savoir: *Majorque;* capitale, *Palma*. Pop. de l'île entière, 180,000 hab.—*Minorque;* capitale, *Port-Mahon*, fondée par les Carthaginois. Cette ville fut prise d'assaut en 1757 par les Français sous les ordres de Richelieu. Pop. de l'île, 45,000 hab. —*Iviça;* capitale, *Iviça*. Sol fertile, d'où l'on tire beaucoup de sel. — *Formentera*, la plus fertile des Baléares; elle doit son nom au froment qu'on y récolte en abondance.

La population de l'Espagne s'élève à 14,000,000 d'habitants. Le culte catholique y domine; les arts et les sciences y sont peu avancés; le commerce se borne à l'exportation de quelques-uns des produits naturels du pays. Ses vins sont renommés; la laine de ses moutons-mérinos fort estimée; les chevaux d'Andalousie fort recherchés. Le sol est hérissé de hautes montagnes ; les plaines et les vallées y sont assez fertiles ; la température y est douce et modérée, excepté sur les côtes méridionales, où souffle quelquefois un vent brûlant nommé le *solano*. Ce pays renferme de riches mines d'or et d'argent fort exploitées autrefois par les Carthaginois et les Romains, et négligées depuis eux ; celles qui donnent le cuivre, le plomb, le fer, et les marbres précieux y sont nombreuses et mériteraient d'être exploitées.

L'Espagne avec le Portugal forme une grande presqu'île au sud-ouest de l'Europe ; elle est bornée au nord par les Pyrénées qui la séparent de la France, et par le golfe de Gascogne ; à l'ouest, par l'océan Atlantique et le Portugal ; au sud, par l'océan Atlantique, le détroit de Gibraltar qui la sépare de l'Afrique, et la Méditerranée qui la borne aussi à l'est. Elle a 240 lieues de long sur 200 de large.

PORTUGAL.

Le Portugal se divise en six provinces, savoir :

1° La province *Entre-Minho-et-Douro;* capitale, *Braga* (14,000 habitants), ville forte, qui a des manufactures d'armes à feu. — Ville principale : *Porto*, à l'embouchure du Douro (70,000 hab.), c'est un des meilleurs ports du royaume ; on y fait un commerce de vins renommés. Cette ville a donné son nom au Portugal.

2° La province de *Tras-os-Montès ;* capitale, *Bragance* (4,000 habitants). La famille régnante descend des anciens ducs de Bragance.

3° La province de *Beira ;* capitale, *Coïmbre* (15,000 habitants), sur le Mondego, ville très ancienne, célèbre par sa cathédrale et son université, qui est la seule du royaume.

4° La province d'*Estramadure;* capitale, *Lisbonne* (240,000 hab.), à l'embouchure du Tage ; c'est un des ports les plus sûrs et les plus vastes de l'Europe : il s'y fait un commerce immense. Parmi les édifices qui décorent cette ville, on met au premier rang le palais d'Ajuda, l'aqueduc d'Alcantara qui a 35 arches et qui est construit en marbre blanc ; enfin l'église patriarcale. Lisbonne fut renversée de fond en comble en 1755, par un horrible tremblement de terre ; elle est entièrement rétablie et plus belle qu'alors.

5° La province de l'*Alentejo*; capitale *Evora* (12,000 hab.); on y voit une belle cathédrale, et un haras royal. Cette ville fut la capitale du gouvernement de Sertorius, et l'on y voit encore un bel aqueduc qu'on attribue à ce général romain.

6° La province d'*Algarve;* capitale, *Lagos*. — Ville principale, *Tavira*, renommée pour ses fruits et ses vins; on attribue aux Carthaginois la fondation de cette ville.

La population du Portugal s'élève environ à 3,500,000 hab., qui professent pour la plupart la religion catholique. Le climat et l'aspect du Portugal sont à peu près les mêmes qu'en Espagne; mais le Portugal est sujet à des tremblements de terre, ce que l'Espagne n'a pas à redouter. Les productions de ces deux pays sont aussi les mêmes. Ce pays est borné à l'ouest et au sud par l'Océan, et de tous les autres côtes par l'Espagne. Son gouvernement est une monarchie représentative.

ITALIE.

L'Italie est de toutes les contrées celle à laquelle se rattachent les plus brillants souvenirs de gloire; l'histoire du monde romain s'y déroule presque tout entière, et depuis sa décadence la gloire nouvelle qu'elle s'est acquise dans les sciences et dans les arts en fait encore la terre classique du génie. S'il fallait citer toutes les villes remarquables, soit par leurs monuments, soit par le pittoresque de leur position, par leurs curiosités naturelles, ou les souvenirs qui s'y rattachent, il faudrait nous arrêter aux plus petits bourgs. Le cadre étroit que nous nous sommes tracé s'y oppose, nous ne parlerons donc que des principales divisions de l'Italie, et nous ne citerons que les villes les plus importantes.

L'Italie se divise aujourd'hui en huit états, dont cinq grands et trois petits.

Les cinq grands sont: 1° le royaume de *Sardaigne* (pop. 4,130,000 hab.), capitale; *Turin* (120,000 hab.), près du confluent de la Doria et du Pô, résidence des souverains; remarquable par l'alignement de ses rues; patrie du géomètre Lagrange. — Villes principales: *Chambéry*, capitale de la Savoie, patrie de l'historien

Saint-Réal et du grammairien Vaugelas. — *Gênes* (85,000 hab.), surnommée *la Superbe* à cause du grand nombre et de la magnificence de ses monuments; cette ville est bâtie en amphithéâtre sur le bord de la mer; elle fut, au XVIIe siècle, la capitale d'une république que son commerce et son industrie avaient rendue très florissante. Les pâtes qui s'y fabriquent aujourd'hui passent pour les meilleures de l'Italie. Louis XIV fit bombarder cette ville en 1684. Dans son territoire est né Christophe Colomb. — *Cagliari* (35,000 hab.), qui possède une université.

2° Le royaume *Lombard-Vénitien* (4,087,000 hab.), qui appartient à l'Autriche; capitale, *Milan* (150,000 hab.), qui est une des plus belles villes de l'Italie; cette ville fut détruite jusqu'aux fondements, et le sol semé de sel par l'empereur Frédéric-Barberousse, en vengeance de l'affront que les habitants avaient fait à l'impératrice sa femme en la promenant dans les rues sur un âne. On y remarque la cathédrale, le théâtre de la Scala, et l'église de Saint-Ambroise où les empereurs se faisaient sacrer rois d'Italie. Elle fait un grand commerce de soieries, de riz, et des divers produits de ses manufactures. — Villes principales : *Venise* (100,000 hab.), bâtie sur pilotis, sur 72 îles, au milieu du golfe qui porte son nom; toutes ces îles sont séparées par des canaux qui forment comme autant de rues que l'on parcourt au moyen de petites barques nommées gondoles. On y remarque la place et l'église Saint-Marc. — *Vérone*, sur l'Adige (41,000 hab.); on y voit encore un amphithéâtre ou plus de 28,000 personnes pouvaient s'asseoir à l'aise; c'est là que les Romains se donnaient le cruel spectacle des combats de gladiateurs et de bêtes féroces. Cette ville a des manufactures de laine et de soie, elle a vu naître Cornelius Népos, Pline l'ancien, l'architecte Vitruve, Paul Véronèse, un des plus célèbres peintres de l'école vénitienne, etc. — *Padoue* (43,000 hab.), sur la Brenta, ville fameuse par son université; patrie de l'historien Tite-Live; on y admire l'église de Saint-Antoine. — *Mantoue* (25,000 hab.), ville très forte, dans un lac formé par le Mincio; près de là naquit Virgile.

3° Le grand-duché de *Toscane* (1,214,000 hab.). Cap., *Florence* (80,000 hab.), sur l'Arno, autrefois capitale d'une puissante république de ce nom. Florence a vu naître le Dante, Améric Vespuce et les Médicis, qui s'y sont élevé des tombeaux magnifiques; cette ville est une des plus riches de l'Italie en œuvres d'art, telles que peintures de grands maîtres, statues, bas-reliefs, pierres précieuses, etc.; on y admire la statue de Médicis, la cathédrale, l'église de Saint-Laurent, le palais du grand-duc ; on y fabrique des étoffes de soie connues sous le nom de *Florence*. — Villes principales : *Livourne* (70,000 hab.), un des plus beaux ports de l'Italie et le centre du commerce de cette contrée avec le Levant. — *Pise* (20,000 hab.), sur l'Arno, ancienne capitale de la république de ce nom ; on y remarque la tour inclinée qui sert de clocher à la cathédrale.—*Sienne* (24,000 hab.), université célèbre.

Le grand-duc possède, en outre, le marquisat de *Pontremoli*, au sud du duché de Parme, — et l'île d'*Elbe*, où fut relégué Napoléon en 1814 (14,000 hab.).

4° Les *États de l'Église;* capitale, *Rome* (140,000 hab.), sur le Tibre. Cette ville, dans l'apogée de sa gloire, fut la capitale du monde entier; depuis, elle est devenue le siége de la religion catholique; aucune ne peut rivaliser avec elle pour le nombre et la magnificence des monuments, parmi lesquels on remarque le Panthéon, le palais du Vatican, habitation des papes ; la grande basilique de Saint-Pierre, le Colisée, la colonne Trajane, un grand nombre d'arcs de triomphe, etc., etc.; elle renferme les antiquités les plus précieuses et de magnifiques collections d'objets d'art. La France a établi à Rome une académie des beaux-arts, et elle y envoie ses lauréats.—Villes principales : *Bologne* (64,000 hab.); université et académie célèbres; patrie du pape Benoît XIV, des trois Carrache, du Dominiquin, de l'Albane et de Galvani. — *Ferrare*, sur une branche du Pô (24,000 hab.), patrie du cardinal Bentivoglio et du poëte Guarini ; on y voit le tombeau de l'Arioste. —*Ravenne* (24,000 hab.), autrefois capitale de l'exarchat du même nom; les Français y remportèrent une grande victoire en 1512.—*Ancône* (30,000 hab.), beau port sur l'Adriatique.

5° Le royaume des *Deux-Siciles* (2,450,000 hab.); capitale, *Naples*, dans une position si délicieuse qu'on l'a surnommée *la noble* et *la gentille;* c'est, pour son importance, la troisième ville de l'Europe; elle est située au pied du mont Vésuve et a un port magnifique sur la Méditerranée; son théâtre Saint-Charles est un des plus beaux de l'Europe. Elle renferme une université célèbre et un musée d'antiquités extrêmement curieux.—Villes principales:

Tarente, ancienne colonie grecque. Dans les environs de cette ville se trouve la tarentule, espèce de grosse araignée, autrefois bien redoutée, et sur laquelle on a fait mille contes; aujourd'hui qu'on la connaît mieux, on la redoute beaucoup moins (18,000 hab). —*Palerme* (180,000 hab.), la seule ville du royaume où l'on batte monnaie; elle a un beau port, une université célèbre et des monuments remarquables; c'est dans cette ville que commença, en 1245, le massacre des Vêpres Siciliennes.—*Messine* (80,000 hab.), sur le détroit de ce nom, ville forte avec un bon port; en 1783, un tremblement de terre la détruisit en grande partie.—*Syracuse*, qui renfermait, dit-on, autrefois, plus d'un million d'habitants, en compte 14,000 à peine aujourd'hui. On y remarque la fontaine Aréthuse et l'Oreille-de-Denys, grotte située au centre des prisons et construite de manière à ce que le tyran ne perdît pas un mot de la conversation des prisonniers. C'est la patrie d'Archimède.

Les trois petits états sont : 1° le duché de *Parme* (440,000 hab.); capitale, *Parme* (30,000 hab.), ville riche, qui a un beau théâtre et une imprimerie célèbres.—Ville principale : *Plaisance*, qui tire son nom de sa situation extrêmement agréable (30,000 hab.), au confluent de la Trébia et du Pô.

2° Le duché de *Modène* (380,000 hab.); capitale, *Modène*, où l'on remarque le palais ducal (25,000 hab.).—Villes principales : *Reggio*, patrie de l'Arioste. — *Carrara*, fameuse par ses beaux marbres blancs.

3° Le duché de *Lucques* (150,000 hab.); capitale, *Lucques*, ville belle et fort commerçante (18,000 hab.).

La population de l'Italie s'élève à 20,000,000 d'hab. qui professent presqu'exclusivement la religion catholique; les divers gouvernements qui s'y sont établis sont presque tous absolus; le sol, partagé par des montagnes et des vallées, est généralement fertile quoique mal cultivé; l'air y est salubre, excepté dans le voisinage des marais que l'on y rencontre de temps en temps; les côtes sont soumises à des maladies qu'y apportent les dernières exhalaisons du simoun d'Afrique qui prend alors le nom de sirocco. Les Deux-Siciles sont tellement fertiles que de tout temps elles ont été appelées le grenier de l'Italie. La Sardaigne est riche en mines. Le commerce de ce pays consiste principalement dans les soieries qu'on y fabrique, les pailles du pays dont on fait de fort jolis chapeaux de femmes, et en pâtes avec lesquelles on prépare différents mets.

L'Italie forme une grande presqu'île, bornée à l'ouest et au sud par la Méditerranée, à l'est par la mer Adriatique, au nord par les Alpes qui la séparent de la Suisse, de la France et de l'Allemagne. Elle a 250 lieues de long sur 135 de large.

TURQUIE D'EUROPE.

La Turquie d'Europe forme une grande presqu'île bornée au nord par la Russie et l'Autriche, à l'ouest par l'Illyrie, la mer Adriatique, le canal d'Otrante et la mer Ionienne; au sud par la Grèce, le détroit des Dardanelles et la mer de Marmara; à l'est par le canal de Constantinople et la mer Noire. Le gouvernement de cet empire est despotique, et a pour souverain le sultan. On y compte environ 9 millions d'habitants, dont plus de la moitié suivent la religion grecque, et le reste celle de Mahomet. La Turquie d'Europe se divise en dix provinces dont les villes principales sont : *Constantinople*, appelée *Stamboul* par les Turcs (590,000 h.), sur le détroit de ce nom, capitale de la Roumélie et de tout l'empire. Cette ville fut fondée par Constance sur les ruines de l'ancienne Byzance ; elle fut longtemps la capitale de l'empire romain d'Orient; le port peut contenir 1,200 vaisseaux; on y admire le sérail, vaste jardin de 2 lieues de tour, entouré de tous côtés par de grands bâtiments, et la mosquée de Sainte-Sophie. Cette ville est souvent ravagée par la peste; les Turcs seuls peuvent l'habiter; les Grecs sont relégués dans un quartier nommé *Fanar* d'où ils prennent le nom de Fanariotes. Le quartier de *Péra* reçoit les Francs et les Européens; les marchands se tiennent dans un faubourg nommé *Galata*. — *Andrinople*, sur la Maritza (100,000 hab.), autrefois la capitale de l'empire ottoman; on y teint le coton en rouge de garance, dit rouge d'Andrinople. — *Salonique* (70,000 hab.), capitale de la Macédoine; son port contient 300 vaisseaux. Belle et grande ville; les Juifs ont dans cette ville un collége important et de belles manufactures de tapis. — *Bukarest*, où des madriers plantés debout à fleur de terre tiennent lieu de pavés (70,000 hab.); c'est une ville charmante et vaste.

où toutes les maisons sont entourées de grands jardins qui la font ressembler à une belle campagne bien habitée; capitale de la Valachie et résidence de l'hospodar. —*Bosna-Seraï* (60,000 hab.); cette ville a des manufactures d'armes à feu très estimées; les habitants se gouvernent eux-mêmes et ne souffrent le pacha que le sultan y envoie que pendant une visite de trois jours; c'est une ville industrieuse et très commerçante. — *Belgrade*, sur le Danube (30,000 hab.) : cette ville a été tour à tour possédée par les Autrichiens et par les Turcs qui se la disputèrent longtemps. En 1717, le prince Eugène de Savoie s'en empara après une grande victoire remportée sur les Turcs en vue même de la ville. — *Varna* (25,000 hab.), port sur la mer Noire, célèbre par la victoire qu'Amurat II y remporta en 1444 sur Ladislas, roi de Hongrie, et qui assura aux Turcs la conquête de la Turquie d'Europe. — *Widdin* (25,000 hab.), sur le Danube; une des forteresses les plus importantes de l'empire. — *Nicopoli*, sur le Danube, célèbre par la victoire que Bajazet y remporta, en 1396 sur Sigismond, roi de Hongrie (20,000 hab.). — *Gallipoli*, sur le détroit des Dardanelles, ainsi appelée de deux forts importants qui en défendent l'entrée; c'est la résidence du capitan-pacha, grand-amiral des Turcs.

Le climat de ce pays est fort agréable et l'air y est très pur; le sol est généralement montueux, on y rencontre souvent des montagnes; mais les plaines et les vallons sont généralement très fertiles et arrosés par de belles rivières. L'agriculture y est fort arriérée, et les productions les plus communes sont le froment, le maïs, le riz, l'huile, le coton, le tabac, la gomme. Il s'y trouve des mines riches et faciles à exploiter, mais on les néglige. La Thessalie, la Valachie et la Moldavie produisent des chevaux assez estimés, Les Turcs excellent dans la fabrication des tapis, des étoffes de laine, des maroquins et des armes à feu; ils sont généralement ignorants et paresseux.

GRÈCE.

Après trois siècles d'oppression, la Grèce enfin s'est réveillée, et dans une lutte héroïque autant qu'opiniâtre et disproportionnée elle a secoué le joug des Turcs; depuis 1820, elle a reconquis son indépendance, et forme aujourd'hui un royaume constitutionnel, sous la souveraineté du roi Othon, fils du roi de Bavière.

La Grèce se divise naturellement en trois parties savoir : la *Livadie;* la *Morée*, ancienne presqu'île du Péloponèse, et les *îles ;* les villes principales sont *Athènes* (11,000 hab.), près de la mer; illustrée par une foule de grands hommes; autrefois la patrie des arts, des sciences et des lettres. On y admire encore les restes des monuments qui firent jadis sa gloire, et entre autres le Parthénon ou temple de Minerve, et l'Acropolis. — *Napoli de Romanie*, ville très forte par sa position; elle a un bon port sur le golfe de ce nom; on l'appelle le Gibraltar de la Grèce. — *Thiva* (6,000 hab.), anciennement *Thèbes*, patrie d'Epaminondas et de Pélopidas. — *Misitra* (6,000 hab.), bâtie près des ruines de Sparte. — *Missolonghi*, célèbre par la défense héroïque des Grecs contre les Turcs en 1826. — *Corinthe* et *Argos*, jadis si florissantes, ne sont aujourd'hui que des bourgs. — *Napoli de Malvoisie*, célèbre par ses vins de ce nom. — *Cettigne*, chef-lieu des Monténégrins, tribu libre et guerrière. — *Navarin*, fameuse par la victoire que les flottes combinées de France, d'Angleterre et de Russie y remportèrent en 1827 sur la flotte turco-égyptienne.

Les principales îles de la Grèce sont : *Nègrepont*, l'ancienne *Eubée*, très fertile et séparée de la Livadie par un détroit si resserré qu'un pont la joint à la terre-ferme. — *Paro*, renommée par ses marbres. — *Salamis*, autrefois *Salamine*, où Thémistocle remporta une grande victoire navale sur les Perses. — *Hydra*, qui secoua le joug la première. — *Andro* et *Tino*, qui font un grand commerce de soieries. — *Naxie*, la plus belle, et surnommée *la Reine des Cyclades*. — *Antiparo*, célèbre par sa grotte, où l'on voit les plus belles stalactites qu'il y ait au monde. — *Mycony*, dont les habitants passent pour les premiers marins de l'Archipel.

Les îles *Ioniennes* forment une espèce de république sous la protection de l'Angleterre. Les principales sont : *Corfou*, le siége du gouvernement. — *Paxo*, la plus petite de toutes. — *Sainte-Maure*, où se voit le fameux saut, ou rocher de Leucade. — *Théaki*, l'ancienne *Ithaque*, où régnait Ulysse. — *Céphalonie*, la plus grande des sept îles Ioniennes. — *Zante*, la plus fertile. — *Cérigo*, célèbre autrefois sous le nom de *Cythère*.

La Grèce est un pays hérissé de montagnes, mais où l'on trouve des plaines superbes, et bien arrosées; le cotonnier, la vigne, l'olivier, le mûrier, l'oranger, le grenadier et toutes les céréales y viennent très bien ; le climat en est salubre, l'air très doux et le ciel magnifique. Les abeilles y sont très productives. La population y est encore bien appauvrie par les longs siècles d'oppression qu'elle a subis et la guerre sanglante dans laquelle elle a brisé le joug des oppresseurs.

La Grèce est bornée au nord par la Turquie; à l'ouest, par la mer Ionienne; au sud, par la Méditerranée, et à l'est par l'Archipel. Elle a environ 60 lieues dans sa plus grande longueur, et 56 dans sa plus grande largeur.

BIBLIOTHEQUE ROYALE
I

www.ingramcontent.com/pod-product-compliance
Lightning Source LLC
LaVergne TN
LVHW010036230826
846091LV00005B/1730

* 9 7 8 2 0 1 3 4 4 6 8 9 1 *